초등 사회 진짜 문해력 4-1

창비

초등 사회 진짜 문해력

4-1

배성호
곽혜송
김재윤
신봉석
이우철

창비￼

《초등 사회 진짜 문해력》을 펼친 여러분을 환영합니다! 낯선 곳에 갈 때 친구나 선생님과 함께 간다면 어떤 마음이 들까요? 선생님들은 어렵다고 느꼈던 **사회를 쉽고 알차게 만날 수 있도록 돕는 길동무 같은 책이** 되길 바라는 마음으로 이 책을 만들었어요.

'사회 교과서'라고 하면 여러분은 어떤 생각이 떠오르나요? 다양한 생각이 떠오를 수 있어요. 선생님이 교실에서 물어보면 어렵고 딱딱하다고 답하는 친구들이 많았어요. 그건 정치부터 경제, 지리, 역사, 법 등등 사회 교과서에서 다루는 내용들이 다양하고 많아서일 수 있어요. 또 교과서에는 분명 설명이 쓰여 있지만 단 한 줄로만 정리되어 있어서 자세하지도 친절하지도 않은 것 같은 느낌이 들기 때문일 수도 있고요. 그러다 보니 당황스러울 때가 있었을 거예요. 하나하나 다 물어보기도 그렇고, '혹시 나만 모르는 것은 아닐까?'라는 생각을 할 수도 있잖아요. 실제로 이런 경우가 참 많답니다.

사실 교과서는 책의 분량이 정해져 있어서 친절하고 자세한 설명을 모두 담기 어려워요. 이건 학생들뿐만 아니라 교과서로 직접 여러분을 가르치시는 선생님들도 아쉬워하는 부분이랍니다. 그래서 이 책을 쓴 선생님들은 이런 상황을 어떻게 풀어 보면 좋을지 고민했어요.

만약 **선생님이 여러분 곁에서 실제 수업을 하듯이** 차근차근 교과서에서 다룰 핵심 내용들을 안내해 주면 어떨까요? 이 책을 함께 쓴 선생님들은 여러분 또래 친구들이 어려워하는 부분들을 수업에서 찾고, 생생한 사례를 생활 속에서 모으기 시작했어요. 그리고 그것을 책으로 담아내었어요.

책을 읽다 보면 왜 그런 개념이 나왔는지 자연스럽게 **여러분 스스로 생각하고, 내용을 이해할 수 있을 거예요.** 무엇보다 사회는 우리가 평소 살아가는 생생한 생활 이야기를 담고 있기 때문이에요. 시장과 마트 등에서 물건을 사고, 스마트폰을 사용하고, 교통수단을 이용하는 등등 생생한 이야기들이 바로 사회이기 때문이지요. 우리가 살아가는 세상 이야기와 또 재밌는 역사 이야기 등을 나누면서 열어 간 수업을 **교과서 진도에 맞춰 학년과 학기에 맞춰** 책으로 펼쳐 내었어요. 이 책과 함께하면 사회 교과서를 읽을 때 살아 숨 쉬는 세상과 마주할 수 있을 거예요. 그래서 이 책의 이름을 《초등 사회 진짜 문해력》이라고 이름 붙였어요.

요즘 문해력이라는 말이 우리나라뿐만 아니라 세계적으로 널리 사용되며 주목받고 있답니다. 문해력은 글을 읽고 이해하는 능력이라는 뜻이에요. 한글은 누구나 쉽게 배워 익힐 수 있게 만든 문자이지요. 덕분에 우리는 쉽게 글을 읽고 쓸 수 있어요. 하지만 정작 현재 사회 교과서의 글은 그 내용이 과연 어떤 것인지 쉽게 파악하기 어려워요. 그 안에는 정치, 경제, 사회, 문화, 역사, 지리 같이 다양한 내용들을 압축해서 담았기 때문이에요. 어렵고 딱딱하게 느껴진 **사회 교과서를 여러**

분이 진짜 제대로 읽고 이해할 수 있도록 하는 '사회 문해력'을 키우는 것이 이 책의 목표예요.

실제로 이 책을 쓴 선생님들은 직접 여러분들이 학교에서 마주했던 사회 교과서와 지역 교과서 등을 집필하였고, 다채로운 수업을 열어 왔어요. 또 전국의 선생님들과 10여 년 넘게 꾸준히 모여 연구하면서, 지금 이 시간에도 여러분 또래 친구들과 함께하고 있답니다. 여러분이 이 책을 즐겁게 읽으며 생활 속 생생한 이야기로 마련된 사회 과목에 흥미를 느끼면 좋겠어요. 이 책을 벗 삼아 세상의 주인공으로 여러분이 성장하길 응원하면서 인사드립니다.

머리말 • 5

1. 지역의 위치와 특성

지도로 본 우리 지역 • 13
문해력 튼튼 • 28

우리 지역의 중심지 • 31
문해력 튼튼 • 45

한눈에 읽는 개념 지도 • 48

2. 우리가 알아보는 지역의 역사

우리 지역의 문화유산 • 53
문해력 튼튼 • 70

우리 지역의 역사적 인물 • 73
문해력 튼튼 • 83

한눈에 읽는 개념 지도 • 86

3. 지역의 공공 기관과 주민 참여

우리 지역의 공공 기관 • 91
문해력 튼튼 • 111

지역 문제와 주민 참여 • 115
문해력 튼튼 • 127

한눈에 읽는 개념 지도 • 130

문해력 쏙쏙 모아 보기 • 132
찾아보기 • 135
출처 및 참고 자료 • 137

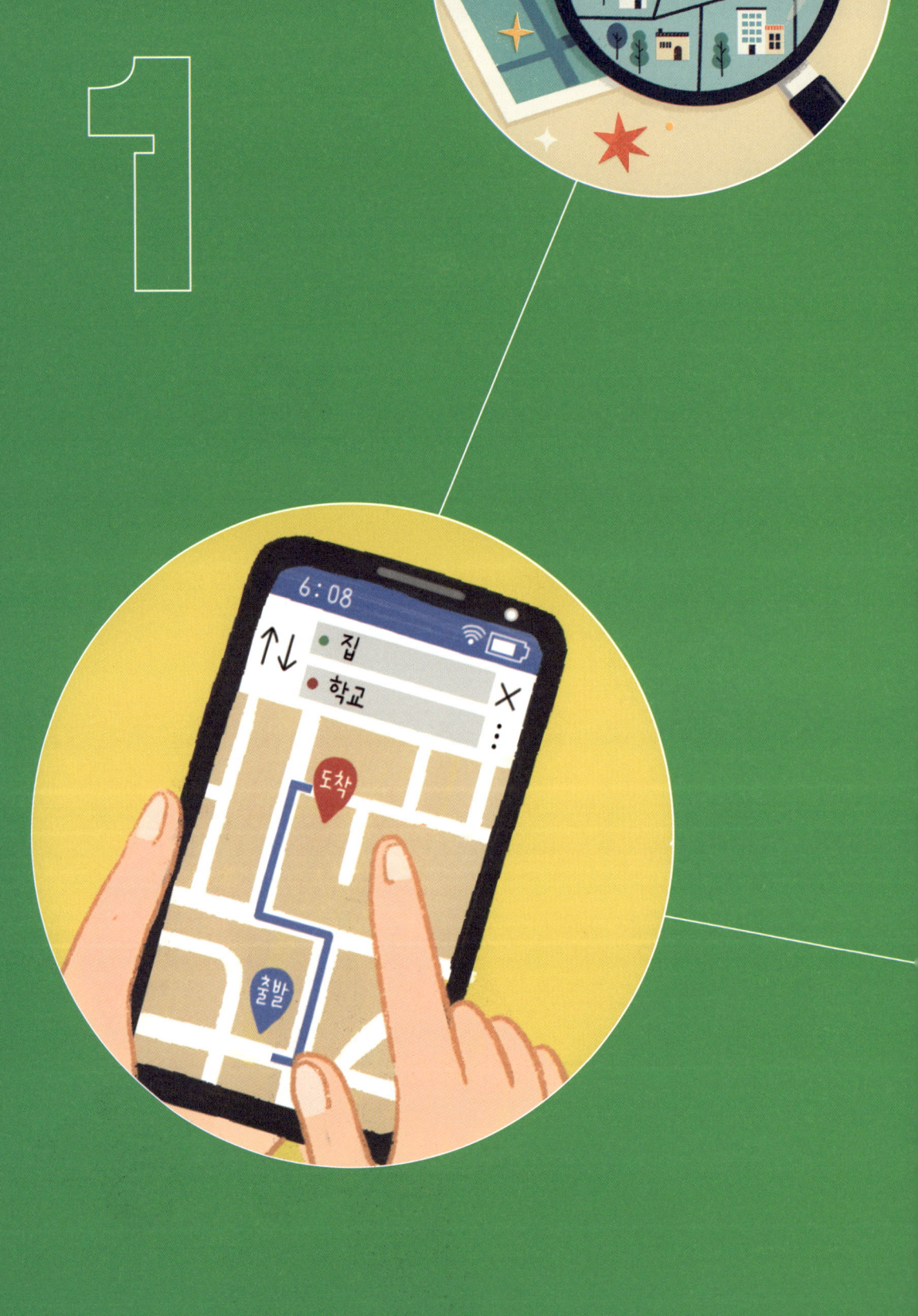

지역의 위치와 특성

지도로 본 우리 지역

평소 지각을 자주하는 학생도 늦지 않고 학교에 오는 날이 있어요. 바로 체험 학습 가는 날이에요. 체험 학습은 우리가 학교 안에서 보지 못했던 많은 것들을 보고 느끼며, 배울 수 있는 시간이에요. 교실 밖 세상으로 떠나는 체험 학습은 생각만 해도 설레고 기대가 돼요!

보통 체험 학습은 학교 선생님들께서 여러분에게 필요한 체험 거리가 무엇일까 고민하면서 *계획하시지요. 여러분을 위한 시간인 만큼 여러분도 체험 학습을 직접 계획할 수 있어요. 그럼 지금부터 우리 손으로 신나는 체험

★ **계획하다** 앞으로 해야 할 일을 미리 생각하여 정한다는 뜻이에요.

학습을 만들어 보는 시간을 가져 보아요.

　체험 학습을 계획할 때 가장 먼저 해야 할 일은 무엇일까요? 바로 날짜와 장소를 정하는 것이에요. 특히 체험 학습을 할 장소를 정하는 것은 정말 중요한 일이지요. 정해진 시간 안에 다양한 경험을 할 수 있는 곳을 찾아야 알찬 체험 학습이 될 수 있기 때문이랍니다. 알맞은 체험 학습 장소를 고르기 위해서는 우리 주변에 있는 다양한 장소들을 살펴봐야 해요.

　그렇다면 장소를 *탐색할 때 어떤 도구가 필요할까요? 바로 지도예요. 지도는 하늘에서 내려다본 땅의 모습을 일정한 *형식으로 줄여서 나타낸 그림이에요.

　지도에는 우리가 사는 지역 곳곳이 그려져 있어요. 우리가 사는 집, 우리가 다니는 학교, 자주 놀러 가는 공원 등 지도에는 지역에 있는 여러 장소들이 담겨 있지요.

　그럼 지도의 종류에 대해 한번 알아볼까요? 우리 주변에는 다양한 모습을 가진 지도들이 있어요. 처음 가 보는 장소로 여행을 가거나 소풍을 갔을 때를 생각해 보세요.

★ **탐색하다** 감추어진 사실을 찾아내거나 밝히려고 자세히 살피는 것이에요.
★ **형식** 겉으로 드러나 보이는 틀이나 어떤 일을 하는 절차나 방법을 뜻해요.

우리는 가장 먼저 무엇을 하나요? 아마도 스마트폰의 지도 애플리케이션을 열어 *목적지를 검색해 볼 거예요.  미리 그 지역의 종이 지도를 준비했다면 그 지도를 펼쳐 목적지까지 가는 길을 찾았을 거예요.

혹시 관광지나 *유적지 입구에 세워진 *안내도를 본 적이 있나요? 이 안내도도 우리 생활 속에서 자주 이용되는 지도랍니다. 이 지도는 우리가 한 번에 볼 수 없는 장소를 한눈에 볼 수 있게 해 줘요. 즉, 우리가 다양한 정보를 쉽게 찾을 수 있도록 도움을 주는 길잡이 역할을 하지요.

지도 애플리케이션, 종이 지도, 안내도 모두 지도의 한 종류예요. 만약 우리가 처음 가는 곳을 지도 없이 찾아가야 한다면, 그곳에 가기가 매우

★ **목적지** 여행 등의 목적으로 삼은 장소를 말해요.
★ **유적지** 옛사람들이 남긴 물건이나 동굴, 무덤, 건물 터와 같은 자취가 있는 곳을 말해요.
★ **안내도** 어떤 곳을 안내하는 그림을 가리켜요.

어려울 거예요. 하지만 지도를 본다면 가고 싶은 장소가 어디에 있는지 정확히 알 수 있고, 그곳에 어떻게 가야 하는지도 쉽게 알 수 있어요.

체험 학습을 계획하는 우리에게 지도는 꼭 필요한 도구예요. 체험 학습 장소를 찾는 일부터 체험 학습 장소까지 가는 길을 살펴보는 것까지 우리는 지도에서 많은 정보를 얻을 수 있기 때문이에요.

여러분 주변에는 어떤 지도가 있나요? 그 지도에서 체험 학습하기 좋은 곳을 한번 찾아보세요.

👆 문해력 쏙쏙

ㅈ ㄷ 는 하늘에서 내려다본 땅의 모습을 일정한 형식을 줄여서 나타낸 그림이다. 우리는
ㅈ ㄷ 를 보며 다양한 장소들이 어디에 있는지 쉽게 찾을 수 있다.

    체험 학습 준비를 위해 우리 지역의 지도를 펼친 순간 당황한 사람도 있을 거예요. 쉽게 알아볼 수 있을 것 같았던 지도에 처음 보는 표시들이 너무 많기 때문이지요.

    땅을 위에서 내려다본 그림을 모두 지도라고 할 수 있을까요? 그렇지 않아요. 지도는 정해진 약속을 바탕으로 정확하게 그려야 해요. 이렇게 약속을 정하는 이유는 지도에 많은 정보가 담기기 때문이에요. 다양한 정보를 약속한 표시들로 간략하게 나타내는 것이랍니다. 그래서 지도에 있는 표시들을 제대로 이해하지 못한다면 우리는 지도를 잘 이용할 수 없어요. 지금부터 지도에 있는 표시들을 살펴보며, 지도에 담긴 정보를 이해해 봐요!

　지도를 펼치면 숫자 '4'처럼 생긴 표시를 찾을 수 있어요. 지도에 뜬금없이 숫자 '4'가 왜 있을까요? 사실 이것은 숫자가 아니라 지도에서 *방향을 알려 주는 표시예요.

　우리는 우리가 바라보는 방향에 따라 위치를 다르게 말할 수 있어요. 나에게는 오른쪽에 있는 물건이 나와 마주 보고 있는 친구에게는 왼쪽에 있는 물건인 것처럼 말이에요. 이처럼 서로가 생각하는 위치가 다르다면, 지도

★ **방향** 무엇이 나아가거나 향하는 쪽을 의미해요.

에 정확한 위치를 표시하지 못할 거예요.

모두가 보는 지도는 이런 문제를 해결하기 위해서 *통일된 표시를 정했어요. 그것이 바로 방위예요. 방위는 동쪽, 서쪽, 남쪽, 북쪽과 같은 방향의 위치를 말해요. 지도에 표시된 '4'와 비슷하게 생긴 기호는 방위를 알려 주는 방위표랍니다.

지도에 방위표를 표시해 놓으면 지도를 보는 모두가 같은 방향으로 지도를 살펴볼 수 있어요. 만약 지도에 방위표가 없다면 어떻게 해야 할까요? 이런 경우에는 지도의 위쪽이 북쪽, 아래쪽이 남쪽, 오른쪽이 동쪽, 왼쪽이 서쪽이라고 생각하면 돼요.

이번엔 지도에 사용된 기호에 대해 살펴볼게요. 우리가 사는 땅에는 병원, 우체국, 가게, 주택 등 다양한 건물과 시설이 있어요. 그런데 이것들을 지도에 표시할 때 실제 모습 그대로 그린다면 어떨까요? '똑같이 그리면 좋은 거 아니야?'라고 생각하는 사람도 있을 거예요. 하지만 많은 정보를 *압축해서 담아야 하는 지도에는 좋은 방법이 아

✱ **통일되다** 서로 다른 것이 같게 맞춰진 것을 의미해요.
✱ **압축하다** 큰 부피나 수를 작게 줄인다는 뜻이에요.

니에요. 게다가 위에서 내려다보면 건물의 옥상밖에 안 보일 텐데, 어떤 건물이 병원이고 어떤 건물이 우체국인지 구분하기 어렵지 않겠어요? 그래서 지도에는 땅이나 건물의 실제 모습을 간단히 나타낸 표시를 사용해요.

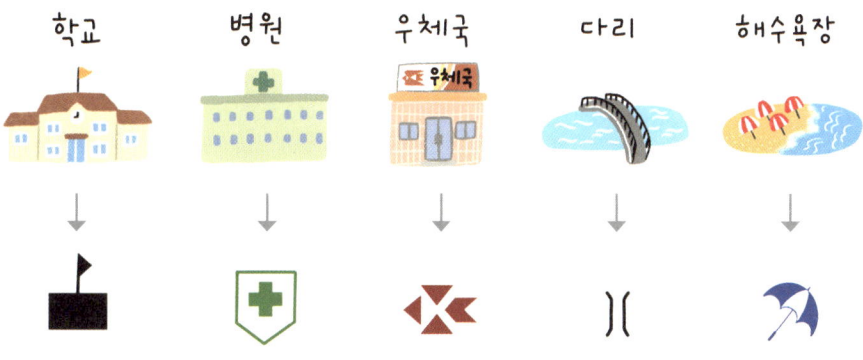

이 표시를 가리켜 지도 기호라고 해요. 기호는 실제 모양을 본뜨거나 약속으로 정하여 만든 표시예요. 논, 밭, 학교, 도로, 아파트 등 지역 곳곳을 지도 기호로 나타내면 지역의 다양한 정보를 지도에 쉽게 담아낼 수 있어요.

아무리 기호가 실제 모양과 비슷하게 만든 것이라도 보는 사람마다 다르게 이해하면 곤란하겠지요? 그럴 때는 범례를 읽으면 돼요.

범례는 지도에 쓰인 기호와 그 뜻을 정리한 것이에요.

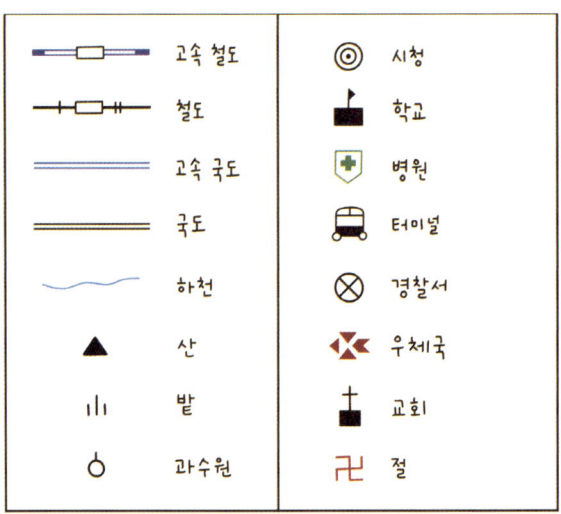

▲ 범례

지도마다 쓰이는 기호가 조금씩 다를 수 있고, 우리가 모든 기호를 외우기 어렵기 때문에 지도에서 범례는 꼭 필요해요.

방위표와 범례를 참고해서 지도를 보면, 지도에 담긴 많은 정보를 정확하게 이해할 수 있어요.

👆 문해력 쏙쏙

지도에서 방향의 위치를 나타낸 기호를 ㅂ ㅇ ㅍ 라고 한다. 그리고 지역의 모습을 간단한 그림으로 표시한 것을 ㅈ ㄷ ㄱ ㅎ 라고 하고, 이것들을 정리해 모아 놓은 것을 ㅂ ㄹ 라고 한다.

 여러분이 지도를 만드는 사람이라고 상상해 볼게요. 여러분이 사는 지역을 실제 크기대로 지도에 그린다면 아주아주 커다란 종이나 수많은 종이가 필요할 거예요. 잠깐! 우리에게 지도가 필요한 이유를 떠올려 볼까요? 거리가 너무 멀거나 장소가 넓어서 우리 눈으로 직접 볼 수 없는 곳을 확인하기 위해서였어요. 만약 실제 크기대로 지도를 만든다면 지도를 만드는 의미가 없어지는 거겠죠?

 그래서 지도를 그릴 때는 실제보다 크기를 줄여서 그려요. 지도에서 실제 거리를 얼마나 줄였는지 그 정도를 표시한 것을 축척이라고 해요.

축척에 대해 좀 더 자세히 살펴볼게요. 축척은 보통 지도 아랫부분에 표시되어 있어요. 아래 지도는 축척이 200m인 지도예요. 실제로는 200m인 거리를 이 지도에서는 1cm로 줄였다는 뜻이지요. 그렇다면 실제 거리가 400m일 때, 이 지도에는 몇 cm로 줄여 그려져 있을까요? 맞아요. 2cm이지요.

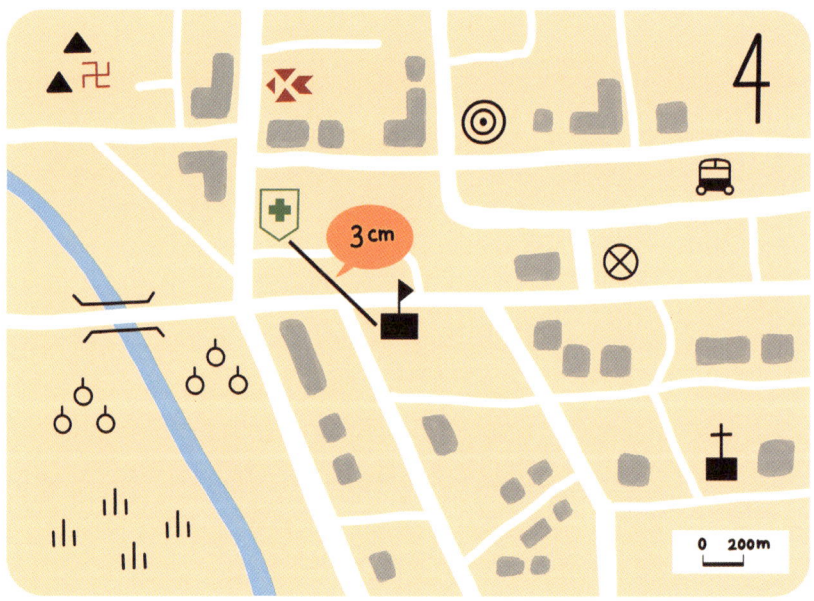

이렇게 축척을 알면 실제 거리를 계산해 볼 수 있어요. 먼저 거리를 알고 싶은 두 장소의 거리를 자로 재요. 예를 들어 학교에서 병원까지의 거리를 알고 싶다면 지도에 표시된 학교 기호와 병원 기호 사이의 길이를 자로 재는 거예요. 만약 둘의 간격이 3cm라면 실제 학교와 병원 사이의 거리는 600m라는 뜻이지요.

축척에 따라, 즉 땅의 모습을 어느 정도 줄이느냐에 따라 당연히 지도의 모습도 달라진답니다. 아래에는 다양한 지도들이 있어요.

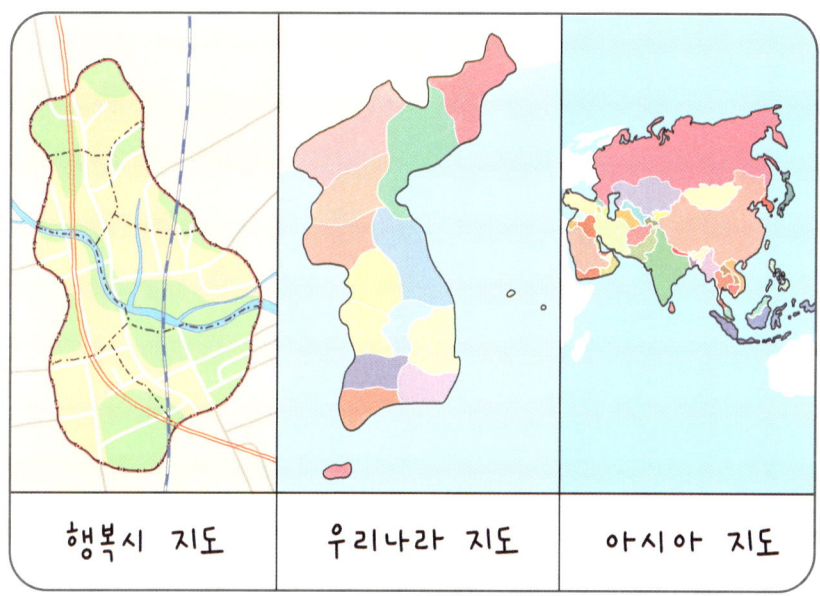

축척이 크다 ◀··▶ 축척이 작다

먼저 한 지역을 자세하게 보여 주는 행복시 지도, 다음은 우리나라 전체를 보여 주는 지도, 마지막으로 우리나라가 속해 있는 아시아의 지도예요. 세 지도 모두 가로와

세로의 크기는 같아요. 하지만 지도가 담고 있는 땅의 면적은 각기 다르지요. 우리나라 전체를 보여 주는 지도는 한 지역만 보여 주는 행복시 지도와 비교했을 때 땅의 실제 모습을 더 많이 줄여 놓은 것이겠죠? 그러나 아시아를 보여 주는 지도와 비교하면 우리나라 전체를 보여 주는 지도는 실제 땅의 크기를 덜 줄여 놓은 것이에요.

이렇듯 땅의 실제 모습을 조금 줄일수록, 다시 말해 축척이 클수록 좁은 지역을 자세히 보여 주는 지도인 것이지요. 반대로 실제 모습을 많이 줄일수록, 다시 말해 축척이 작을수록 넓은 지역을 간략하게 보여 주는 지도랍니다.

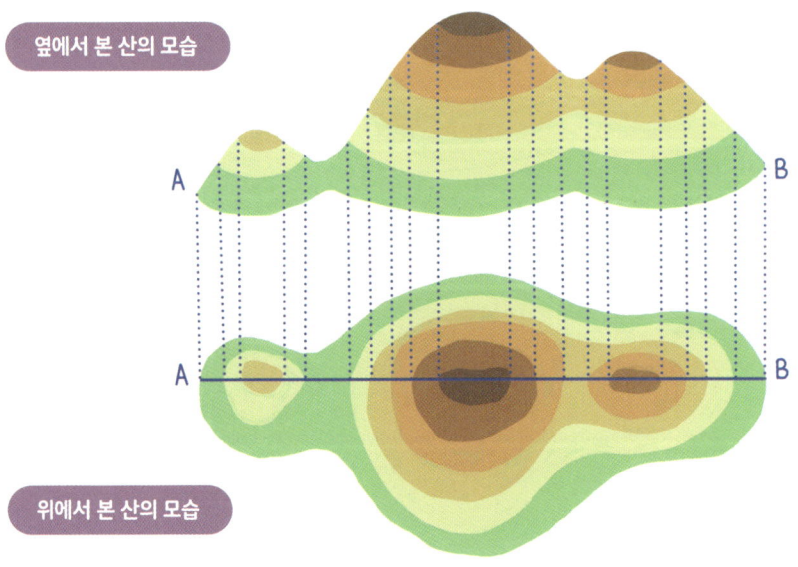

여러분은 혹시 스마트폰의 지도 애플리케이션을 이용해 길을 찾아가다 당황했던 적이 있나요? 지도로만 봤을 때 평평한 줄 알았던 길이 알고 보니 엄청난 오르막길이었던 거예요.

이렇듯 우리가 사는 곳은 평평한 곳부터 높은 산까지 다양한 높이의 땅으로 이루어져 있어요. 지도를 자세히 들여다보면, 진한 색부터 옅은 색까지 여러 가지 색깔들이 보여요. 이는 땅의 높낮이를 나타내는데, 색깔이 진해질수록 높은 땅을 의미하지요.

땅의 높이가 같은 곳을 선으로 연결해 높낮이를 표시하기도 하는데, 이 선을 등고선이라고 해요. 선에 적혀 있는 숫자는 *해발 고도를 의미한답니다. 이렇듯 지도를 보면 입체적인 땅의 모습까지 파악할 수 있어요.

 해발 고도 바다 가장 윗부분을 기준으로 잰 어떤 곳의 높이를 말해요.

문해력 쏙쏙

지도에서 실제 거리를 얼마나 줄였는지 그 정도를 표시한 것을 ㅊ ㅊ 이라고 한다. 그리고 지도에서는 땅의 높이가 같은 곳을 선으로 연결해 높낮이를 표시하는데, 이 선을 ㄷ ㄱ ㅅ 이라고 한다.

문해력 튼튼

● 다음 만화를 보고 질문에 답해 보세요.

● 선생님과 학생들이 지난 주말에 다녀온 장소를 모두 적어 보세요.

● 우리 지역 지도에서 내가 자주 가는 장소를 찾아보고, 지도에 더 있었으면 하는 정보가 무엇인지 이야기해 보세요.

우리 지역의 중심지

여러분은 휴일을 어떻게 보내나요? 집이나 집 근처에서 *한적하게 쉬는 걸 좋아하는 사람도 있을 테고, 시끌벅적한 곳에 가서 이것저것 사고 먹으면서 시간을 보내는 걸 좋아하는 사람도 있을 거예요.

우리가 사는 지역은 사람이 적게 모이는 곳과 많이 모이는 곳으로 나눌 수 있어요. 사람이 적어 한적한 곳은 산이나 논밭, 아파트나 주택이 많이 모여 있는 편이에요. 사람이 많이 모인 곳은 역이나 *터미널이 있고 빌딩 같은

★ **한적하다** 사람이나 차가 많이 다니지 않아 조용하다는 뜻이에요.
★ **터미널** 버스, 열차, 배 같은 것이 처음 출발하거나 마지막에 도착하는 곳을 말해요.

높은 건물이 많지요. 이처럼 지역에서 사람들이 많이 모이는 곳을 중심지라고 불러요.

중심지에는 큰 도로가 많고 기찻길이 지나기도 해요. 택시와 버스도 쉽게 볼 수 있지요. 이렇게 *교통이 편리한 것은 중심지의 특징 중 하나예요. 이동하기 편할수록 그곳으로 사람들이 많이 모일 테니까요.

또 사람이 많이 모이는 곳에는 어떤 특징이 있을까요? 사람들의 생활을 편리하게 도와주는 여러 시설이 *즐비해 있다는 것이지요. 중심지에서는 시장, 대형 마트, 병원, 우체국과 같은 *편의 시설이나 구청 같은 행정 기관 등을 쉽게 찾을 수 있어요. 이렇듯 중심지에는 우리 생활에 꼭 필요하고 편리한 시설들이 모여 있답니다.

여러분이 사는 지역의 중심지는 어디인가요? 한번 우리 지역의 지도를 펼쳐서 찾아보도록 해요. 참고로 중심지는 꼭 지역의 중앙에 있지 않아요. 또 지역에 하나씩만 있는 것도 아니지요. *기능에 따라 중심지가 여러 곳일

★ **교통** 자동차, 기차, 배, 비행기 등을 이용해서 사람이 오고 가거나, 짐을 실어 나르는 일을 뜻해요.
★ **즐비하다** 가지런하고 빽빽하게 늘어서 있다는 의미예요.
★ **편의 시설** 편하고 좋은 환경이나 조건을 갖춘 시설을 말해요.

수도 있어요.

앞서 살펴본 중심지의 특징을 잘 생각해 보며 우리 지역의 지도에 중심지를 표시해 보세요. 우리 집 혹은 우리 학교 가까이에 있는 중심지는 어디인가요?

★ **기능** 하는 구실이나 노릇, 또는 맡아서 하는 일을 뜻해요.

 문해력 쏙쏙

지역에서 사람들이 많이 모이는 곳을 ㅈ ㅅ ㅈ 라고 부른다. 이곳의 특징은 ㄱ ㅌ 이 편리하다는 것과 우리 삶에 필요한 다양한 ㅅ ㅅ 이 모여 있다는 것이다.

　중심지는 지역에 사는 사람들이 필요한 것을 구하거나 시설들을 이용하는 곳이에요. 시장에서 물건을 사고, 병원에서 *진료를 받고, 시청에서 일을 처리하는 등 우리는 중심지에서 다양한 일을 해결할 수 있어요.

　지역에 따라 한 가지 기능이 특히 발달한 중심지도 볼 수 있어요. 그 기능에 따라 나타나는 중심지의 모습도 다르답니다.

　먼저 물건을 만드는 회사나 공장에서 일하는 사람들이 모인 산업의 중심지가 있어요. 산업이란 생활에 필요한

★ 진료 의사가 환자를 진찰하고 치료하는 일을 말해요.

것을 만드는 일을 가리켜요.

다음으로는 지역의 사람들이 행정 업무를 처리하기 위해 모이는 행정의 중심지가 있어요. 행정이란 *정부가 법에 따라 나라를 다스리려고 하는 여러 일들을 뜻해요. 행정 업무를 처리하는 공공 기관은 다양해요. 군청이나 시청뿐만 아니라 경찰서, 소방서, 교육청, 의회, 법원 등이 있지요. 이곳에서 우리는 필요한 서류와 서비스를 받을 수 있어요.

그리고 사람들이 필요한 물건을 사려고 모이는 상업의 중심지가 있어요. 이곳에는 큰 시장이나 백화점, 대형 마트와 같은 상점이 많아요. 물건을 사고파는 사람들로 지역 사람들의 발길이 많이 닿는 중심지랍니다.

또 지역의 문화유산이나 놀이공원 등이 있는 관광의 중심지도 있어요. 각 지역마다 고장을 대표하는 유적지나 관광지가 있고, 그곳은 지역 주민뿐만 아니라 다른 지역의 사람들도 많이 오고 가기 때문에 사람들이 많이 모일 수밖에 없지요.

✱ 정부 나라를 다스리는 기관을 말해요.

사람들이 다른 곳으로 이동하기 위해 모이는 교통의 중심지도 있어요. 대표적인 장소로는 버스 터미널이나 기차역, 지하철역 등이 있지요. 이런 곳은 모이기 편해서 사람들이 약속 장소로도 많이 이용해요. 교통의 중심지에는 자연스럽게 사람들이 많이 모이기 때문에 주변에 상점이나 편의 시설이 *밀집되어 있어 놀 곳도 많지요.

이밖에도 맡은 역할에 따라서 여러 종류의 중심지를 생각해 볼 수 있어요. 간혹 이름은 같고 뒤에만 ○○ 초등학교, ○○ 중학교, ○○ 고등학교를 붙인 학교들을 본 적이 있을 거예요. 그리고 이런 학교들은 같은 지역에 옹기종기 모여 있기도 하지요. 이처럼 여러 교육 기관이 모여 있는 곳은 '교육의 중심지'라고 할 수 있어요. 이런 곳에는 학원이나 도서관 같은 교육 시설이 함께 있기도 해요.

영화관, 미술관, 체육관처럼 문화생활을 즐길 수 있는 시설이 모여 있는 곳도 있어요. 이런 곳은 '문화의 중심지'라고 해요.

✱ 밀집되다 '아주 빽빽하게 모인 상태가 되다'라는 뜻이에요.

살펴본 것처럼 우리가 사는 지역에는 여러 중심지가 있어요. 중심지는 지역마다 많은 사람이 모인다는 공통점이 있지만, 중심지의 역할과 모습 등에는 차이가 있지요.

여러분의 주변에서 찾은 중심지는 어떠한 기능을 주로 하는 곳인가요? 그리고 그렇게 생각한 이유는 무엇인가요?

 문해력 쏙쏙

중심지에는 물건을 만드는 회사나 공장에서 일하는 사람들이 모인 ㅅ ㅇ 의 중심지, 사람들이 필요한 물건을 사려고 모이는 ㅅ ㅇ 의 중심지, 버스 터미널이나 기차역이 있어서 사람들이 다른 곳으로 이동하기 위해 모이는 ㄱ ㅌ 의 중심지 등이 있다.

　앞에서 지역에는 다양한 기능의 중심지가 있다고 했지요? 그렇다면 우리 지역의 중심지에는 어떤 기능이 있을까요? 책, 지도, 인터넷 검색만으로는 부족하다고 느낄 때, 다양한 중심지를 답사해 보는 시간을 가지면 좋아요. 잘 알고 있다고 생각한 것도 답사를 통해 새롭게 느낄 수 있거든요.

　'답사'라는 말이 조금 어렵게 들린다고요? 알고 보면 아주 쉬운 개념이에요. 답사는 어떤 장소를 실제로 찾아가 조사하는 것을 말해요.

　만약 여러분이 체험 학습으로 지역의 중심지를 답사하려고 한다면, 가장 먼저 무엇을 해야 할까요? 맞아요. 바

　로 답사 계획을 세워야 해요. 답사를 계획할 때는 장소와 목적을 먼저 정하지요. 우선 우리 지역의 중심지 중 한 곳을 답사 장소로 정해요.

　그다음으로 답사의 목적에 따라 알맞은 방법을 생각해 보면 좋아요. 예를 들어 답사를 할 때 여러 장소를 방문할 예정이라면 장소들 사이의 이동 시간을 미리 알아야 시간표를 짤 수 있을 거예요. 그러니 인터넷을 활용해 이동 시간을 예상해 보면 좋겠죠?

　답사를 다녀온 후에는 다른 친구들에게 답사 결과를

전달해야 할 테니 답사를 하며 알게 된 것들을 메모할 필기도구를 미리 챙겨야 해요. 그리고 그림 도구나 사진기를 준비해도 좋아요. 그림이나 사진으로 *현장을 소개하면 친구들이 더 쉽게 이해할 수 있거든요.

답사를 할 때 주의해야 할 점도 잊지 말아야 해요. 먼저 주위를 잘 살피며 안전에 유의해야 하지요. 사람이나 물건의 사진을 찍을 때는 먼저 그 사람이나 물건의 주인에게 허락을 받아야 해요. 그리고 *무턱대고 답사할 장소에 찾아가기보다는 미리 연락해서 허락을 받는 것이 좋아요.

답사를 다녀온 후에는 답사 결과를 정리해서 친구들에게 발표하는 시간을 가져요. 다양한 중심지를 답사하며 알게 된 우리 지역의 특징을 서로 *공유해 보는 거예요.

답사는 학교, 도서관, 집 등에서는 알지 못했던 새로운 정보를 알 수 있고 생생한 이야기를 들을 수 있기 때문에

★ **현장** 어떤 일이 일어난 곳을 뜻해요.
★ **무턱대고** '잘 헤아리지 않고 마구'라는 의미예요. '다짜고짜', '덮어놓고'와 비슷한 말이지요.
★ **공유하다** 두 사람 이상이 물건, 지식, 정보 등을 공동으로 갖고 있는 것을 가리켜요.

좋은 공부가 될 수 있어요. 그리고 지역의 중심지는 답사 장소로 좋은 곳이지요. 답사를 위해 굳이 먼 곳까지 가지 않아도 된답니다. 중심지에는 경험하고 배울 것들이 넘쳐나니까요.

문해력 쏙쏙

지역의 중심지를 ㄷ ㅅ 할 때에는 먼저 계획을 세우고, 필요한 것을 잘 준비하는 것이 좋다. ㄷ ㅅ 후에는 그 결과를 정리해서 ㅂ ㅍ 한다.

문해력 튼튼

● 다음 글을 읽고, 질문에 답해 보세요.

지도의 종류

지도에는 다양한 종류가 있어요. 지도의 쓰임, 만드는 방법, 축척에 따라 구분할 수 있지요.

먼저 지도는 쓰임에 따라서 일반도와 주제도로 나뉘어요. 일반도는 지형도를 말하는데, 땅 모양을 그린 지도를 뜻해요. 우리가 길을 찾거나 위치를 확인할 때 보는 일반적인 지도가 바로 지형도예요.

주제도는 특별한 목적을 가지고 그린 지도를 말해요. 체험 학습이나 여행을 갔을 때 그 지역의 *명소나 관광지를 표시한 관광 지도를 본 적이 있을 거예요. 그것이 바로 주제도랍니다. 이 외에도 *맛집 지도, *인구분포도 등도 주제도라고 할 수 있어요.

지도를 만드는 방법에 따라서는 실측도와 편찬도로 나뉘어요. 실측도는 실제로 *측량해서 만든 지도라는 뜻이에요. 대부분 항공기에서 찍은 사진을 바탕으로 실측도를 만들어요. 이 지도는 세밀하고 정확한 것이 특징이지요.

편찬도는 실측도를 바탕으로 필요한 내용만 골라 만든 지도예요. 우리나라 지도, 세계 지도 등이 편찬도에 속한답니다.

마지막으로 축척에 따라 대축척 지도와 소축척 지도로 나눌 수 있어요. 대축척 지도는 좁은 지역을 자세하게 나타낸 지도를 말해요. 예를 들어 우리 동네를 그린 지도가 있어요.

이에 반해 소축척 지도는 넓은 지역을 간략하게 표현하는 지도예요. 우리나라 지도, 세계 지도가 대표적인 소축척 지도예요.

★ **명소** 아름다운 경치나 유적 등으로 널리 이름난 곳을 말해요.
★ **맛집** 음식의 맛이 뛰어나기로 유명한 음식집을 말해요.
★ **인구분포도** 인구가 흩어져 퍼진 상태를 지역별, 산업별, 민족별 등으로 나타내는 지도를 의미해요.
★ **측량하다** 높이, 길이, 넓이, 부피 등을 재는 것을 가리켜요.

● 지하철이 운행하는 노선을 알려 주는 지도인 지하철 노선도는 지도의 쓰임, 만드는 방법, 축척에 따라 각각 어떤 지도에 속할지 골라 ○ 표시를 해 보세요.

지하철 노선도는 쓰임에 따라 (일반도, 주제도), 만드는 방법에 따라 (편찬도, 실측도), 축척에 따라 (대축척, 소축척) 지도에 속한다.

● 우리 지역을 소개하는 지도를 만든다면 어떤 주제도를 만들어 보고 싶은지 적어 보세요.

한눈에 읽는 개념 지도

관광의 중심지에는 문화유산이나 놀거리가 많아요.

산업의 중심지에는 회사나 공장이 많아요.

행정의 중심지에서는 행정 업무를 처리해요.

지역의 중심

중심지

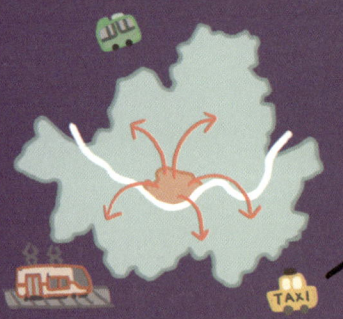
교통의 중심지에서는 이동이 편리해요.

상업의 중심지에는 필요한 물건을 사려는 사람들이 모여요.

답사

어떤 장소를 실제로 찾아가 조사해요.

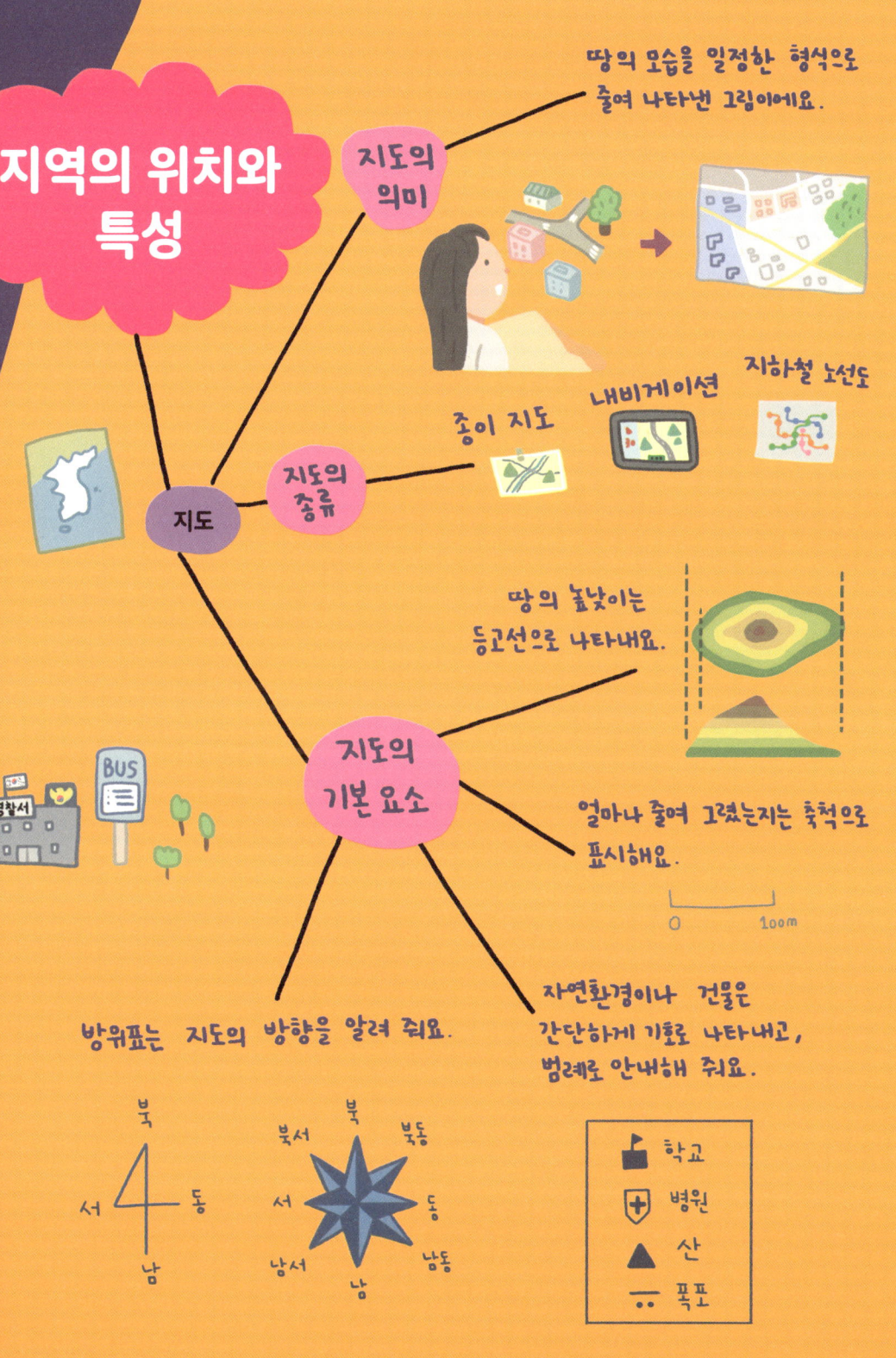

2

우리가 알아보는
지역의 역사

우리 지역의 문화유산

    드라마나 영화에서는 옛날에 살던 사람들이 어떻게 살았는지를 보여 주고는 해요. 지금과는 다른 말투, 옷, 생활 모습, 건물 등을 보다 보면 옛날 사람들의 삶에 관해 흥미가 생겨요. 물론 드라마나 영화에 나온 옛 모습은 대부분 오늘날 사람들이 만들어 낸 것이에요. 하지만 아무렇게나 만드는 것은 아니고 옛날부터 *대대로 내려오는 건물이나 물건들을 바탕으로 만들어요.

    이렇게 옛날 사람들이 남긴 *자취를 유적 혹은 유물이

✱ **대대로** '대대로'는 '여러 대를 이어서'라는 뜻이에요. 여기서 '대'는 조상 때부터 이어져 내려오는 핏줄을 의미해요.
✱ **자취** 남은 흔적을 뜻해요. 옛날 사람들이 남긴 자취 중 물건은 '유물', 건축물이나 싸움터 또는 역사적인 사건이 벌어진 곳을 '유적'이라고 해요.

라고 하지요.

　여러분은 유적과 유물을 체험 학습이나 답사 등을 통해 만나 본 적이 있을 거예요. 이런 유적이나 유물을 문화유산이라고 불러요. 문화유산이란 사람들이 남긴 것 중 *가치가 높아 오랫동안 보호해야 하는 것들을 통틀어 이르는 말이에요.

　그렇다면 우리는 왜 문화유산을 직접 가서 보고 공부하는 것일까요? 문화유산이 언제, 어떻게, 왜 만들어졌는지 살펴보면 옛사람들의 생활 모습뿐만 아니라 조상들의 지혜도 배울 수 있기 때문이에요.

　그럼 문화유산에는 어떠한 것들이 있는지 한번 살펴볼까요? 문화유산이라고 하면 머릿속에 떠오르는 이미지는 무엇인가요? 아마 궁궐, 절과 같은 건물이나 탑을 떠올리는 사람이 많을 거예요. 또는 오래된 책이나 그림, 도자기를 생각하는 사람도 있을 거예요. 여러분이 떠올린 것처럼 일정한 모양이 있어 만질 수 있는 문화유산을 유형문화재라고 불러요.

★ **가치** 물건이나 일의 쓸모나 중요성을 뜻해요.

그렇다면 모든 문화유산이 만질 수 있는 유형 문화재일까요? 그건 아니에요. 전통 춤을 추고 있는 사람을 떠올려 볼까요? 전통 춤도 옛날 사람들이 남긴 소중한 문화유산이지만, 춤의 몸짓은 만질 수 없어요. 전통 악기를 연주하는 것도 마찬가지예요. 전통 악기 자체는 만질 수 있지만, 그것을 연주하는 *장인의 솜씨는 만질 수 없어요. 전통 물건을 만드는 기술도 형태가 있는 것은 아니에요. 이렇게 일정한 모양이 없어 어딘가에 담아 놓거나 만질 수 없는 문화유산을 무형 문화재라고 불러요.

★ 장인 예술가의 창작 활동이 심혈을 기울여 물건을 만드는 것과 같다는 뜻으로, 예술가를 두루 이르는 말이에요.

국가가 *지정한 유형 문화재는 두 가지로 분류돼요. 바로 국보와 보물이지요. 문화재를 소개하는 팻말에서 국보나 보물이라고 적힌 것을 본 적이 있을 거예요. 유형 문화재들 중 가치가 크고 *유례가 드물어 국가의 보호가 필요한 것들에 국보나 보물이라는 이름을 붙이지요.

　무형 문화재에는 국가가 지정하는 중요 무형 문화재와 각 시와 도에서 지정하는 지방 무형 문화재가 있어요. 춤, 연극, 음악, 공예 기술 등의 다양한 무형 문화재를

✹ **지정하다** 어떤 것에 특별한 자격을 주는 것을 뜻해요.
✹ **유례** 비슷한 예를 뜻해요. '유례가 드물다'는 것은 비슷한 예가 흔하지 않다는 의미예요.

*보전하고 다음 세대의 사람들에게 전하기 위해 나라에서 노력하고 있는 것이에요.

 몇 백, 몇 천 년 전 사람들이 만들고 사용했던 것을 지금의 우리가 감상할 수 있다니, 신기하지 않나요? 게다가 문화유산은 우리와 멀리 있지 않아요. 조금만 관심을 기울여 찾아본다면 우리 지역에도 많은 문화유산이 있거든요. 우리 지역에는 어떤 문화유산이 있는지 함께 찾아볼까요?

★ **보전하다** 온전하게 잘 지키고 유지한다는 뜻이에요.

👍 **문해력 쏙쏙**

ⓜ ⓗ ⓞ ⓢ 이란 사람들이 남긴 것 중 가치가 높아 오랫동안 보호해야 하는 것들을 통틀어 이르는 말이다. 그중 형태가 있는 것은 ⓞ ⓗ ⓜ ⓗ ⓙ , 형태가 없어 어딘가에 담아 놓거나 만질 수 없는 것은 ⓜ ⓗ ⓜ ⓗ ⓙ 라고 부른다.

 여러분은 길을 가다가 갈색 표지판을 본 적이 있나요? 목적지의 방향이나 남은 거리를 알려 주는 초록색 표지판 사이에 가끔 갈색 표지판을 발견하면 무엇을 표시한 것인지 궁금했을 거예요. 갈색 표지판은 주변에 있는 문화재나 관광 명소를 알려 주는 것이랍니다.

 우리 지역에도 갈색 표지판으로 알려 주는 다양한 문화유산이 있어요. 이번 기회에 우리 지역에는 어떤 문화유산이 있는지 알아보는 시간을 가져 볼까요?

 먼저 우리 지역에 어떤 문화유산이 있는지 조사부터 시작해야 해요. 조사는 어떤 일에 대한 내용을 알기 위해 자세히 찾아보거나 살펴보는 행동을 뜻해요. 그럼 조사는 어떻게 해야 할까요? 조사의 방법은 다양해요. 컴퓨터나 스마트폰으로 홈페이지에 접속해 자료를 찾아볼 수도 있고, 도서관에서 책이나 신문 기사를 찾아볼 수도 있지요.

문화유산을 조사할 때 활용할 수 있는 홈페이지에는 대표적으로 문화재청 홈페이지가 있어요. 문화재청은 문화재의 *보존, 관리, 연구 등을 도맡아 하는 공공 기관이에요. 문화재청 홈페이지에는 우리나라 문화유산이 종류별로, 지역별로 정리되어 있어요.

또 다른 조사의 방법으로 그 분야를 잘 아는 사람을 만나 궁금증을 해결하는 면담과 그 장소에 직접 가 보는 답사가 있어요. 특히 면담과 답사는 생생한 정보와 감동을 얻을 수 있는 조사 방법이랍니다.

먼저 면담에 대해 이야기해 볼게요. 면담은 전문가를 만나 대화를 통해 정보를 모으는 방법이에요. 만약 우리 지역이 *판소리로 유명하다면 판소리 *명인을 만나서 궁금한 것들을 자세하게 물어보는 거예요. 면담을 준비할

★ 보존 잘 보호하고 관리하여 남기는 것을 가리켜요.
★ 판소리 긴 이야기를 노래로 바꾸어 부르는 우리나라 전통 음악을 뜻해요.
★ 명인 재주가 뛰어나기로 이름난 사람을 말해요.

때에는 중요한 내용을 빠트리지 않게 미리 질문할 내용을 정리하는 것이 좋아요. 이야기를 적을 수 있는 필기도구나 녹음할 수 있는 도구를 준비해 가는 것도 좋지요.

그리고 문화유산을 직접 답사하는 방법도 있어요. 앞서 우리 지역의 중심지를 답사했던 것처럼 이번에는 우리 지역의 문화유산을 찾아가 보는 거예요. 이때 문화유산을 *관람할 수 있는 시간을 홈페이지나 전화를 통해 미리 알아보는 것이 좋아요. 특히 많은 박물관이 특정 요일에 쉬는 경우가 많으니 관람 가능한 날짜를 반드시 알아보아야 해요.

✱ **관람하다** 전시된 유물·그림·조각이나 연극, 영화, 운동 경기 등을 구경한다는 뜻이에요.

 문해력 쏙쏙

우리 지역의 문화유산을 ㅈ ㅅ 하는 방법 중에는 전문가를 직접 만나 대화를 통해 정보를 모으는 ㅁ ㄷ 과 우리 지역의 문화유산을 직접 찾아가 보는 ㄷ ㅅ 가 있다.

　자, 이제 준비가 다 되었나요? 그럼 문화유산 답사를 떠나 볼까요? 잠깐! 그 전에 문화유산을 답사할 때 우리가 지켜야 할 예절을 알아볼게요.

　먼저 답사 장소마다 지켜야 할 관람 규칙이 적혀 있을 거예요. 또 '들어가지 마시오.', '만지지 마시오.', '사진 찍지 마시오.'와 같은 팻말도 있고요. 이런 규칙은 당연히 잘 지켜야 해요. 문화유산은 우리가 지켜야 할 소중한 보물이니까요. 또 문화유산은 많은 사람이 찾아오는 장소이니만큼 질서를 지키며 조용히 관람해야 해요. 다른 사람의 관람에 방해가 되면 안 되잖아요.

　한 가지 팁을 더 알려 줄게요. '아는 만큼 보인다.'라는 말이 있잖아요? 답사에서도 미리 문화유산을 감상하는 방법을 알고 가면 더욱 좋아요.

만약 여러분이 가는 곳이 야외라면 문화유산과 주변 *경관을 전체적으로 감상하는 것이 좋지요. 서울 *경복궁의 *근정전을 예로 들어 볼게요. 근정전은 바라보는 위치에 따라 뒤에 보이는 산과 건물이 연결된 것처럼 보여요. 즉, 한 폭의 *병풍을 보는 듯한 느낌을 준답니다.

문화유산과 주변 경관을 함께 보며 감상할 수 있는 곳을 찾아가 보는 것도 문화유산을 즐겁게 관람할 수 있는

* **경관** 멀리서 바라보이는 자연이나 지역의 풍경을 말해요.
* **경복궁** 서울에 있는 궁궐로, 조선 태조 때 지어졌어요.
* **근정전** 경복궁의 중심 건물이에요. 신하들이 임금에게 새해 인사를 드리거나 나라의 중요한 의식을 치르던 곳이지요. 우리나라 국보로 지정되어 있답니다.
* **병풍** 집 안의 어떤 것을 가리거나 방을 꾸미려고 피는 물건을 뜻해요.

방법 가운데 하나예요.

그리고 문화유산을 관람할 때는 앞뒤, 양옆 등 여러 방향에서 살펴보는 것이 좋아요. 앞에서만 봤을 때는 몰랐던 새로운 사실을 알게 되기도 하거든요.

그 외에도 어떤 재료와 장식을 사용했는지, 어떤 시대에 만들어진 것인지 설명을 읽어 보는 것도 관람에 도움이 된답니다.

문화유산을 설명하는 글을 읽다 보면 어려운 말이 나올 수도 있어요. 그럴 땐 주변의 어른이나 문화유산을 설명해 주는 문화 관광 해설사에게 도움을 요청하는 방법도 있어요. 문화 관광 해설사에 대해서는 이어서 자세히 알려 줄게요.

👆 **문해력 쏙쏙**

문화유산을 답사할 때는 ㄱ ㄹ ㄱ ㅊ 을 잘 지켜야 한다. 그리고 문화유산을 관람하는 방법을 미리 익히고, 관람 시 어떤 재료와 장식을 사용했고, 어떤 시대에 만들어진 것인지 ㅅ ㅁ 을 읽어 보는 것도 도움이 된다.

 문화유산의 의미가 무엇이었는지 다시 기억해 볼까요? 문화유산은 오랫동안 보존해야 할 가치가 있는 것들이라고 했어요. 문화유산에는 우리의 역사가 담겨 있고, 조상들의 정신이 담겨 있어요. 우리가 계속해서 문화유산에 관심을 가져야 하는 이유예요.

 문화유산은 나라에서도 열심히 보호하고 관리하고 있지만, 일반 시민들도 *자발적으로 문화유산 보호에 힘쓰고 있어요.

 우리 주변에는 어떤 사람들이 문화유산을 보호하기 위

★ **자발적** 남의 영향이나 명령에 의하지 않고 자기 스스로 원해서 하는 것을 말해요.

해 열심히 활동하고 있을까요? 먼저 ==문화 관광 해설사==가 있어요. 여러분이 문화유산 답사를 가게 된다면 이분들을 만날 수 있지요. 문화 관광 해설사는 사람들에게 문화유산에 대한 정보와 재미있는 이야기를 들려주는 일을 해요. 문화 관광 해설사의 흥미진진하고 자세한 설명은 사람들이 문화유산에 관심을 갖게 하고, 문화유산을 소중히 여기는 마음을 키워 준답니다.

문화유산을 보호하기 위해 노력하는 사람들로 ==문화재 지킴이==도 있어요. 이분들은 문화유산을 많은 사람에게 알리는 것은 물론, 문화유산 주변을 청소하고 관리하는

일도 해요. 또 *도난이나 화재 등의 위험으로부터 문화유산을 보호하는 역할도 하지요.

문화 관광 해설사, 문화재 지킴이처럼 여러분도 지역의 문화유산을 보호할 수 있어요. 그럼 우리가 할 수 있는 일에는 어떤 것들이 있을까요?

먼저 우리 스스로 문화유산의 가치를 알고, 문화유산을 자랑스럽고 소중하게 생각해야 해요. 그러기 위해서는 평소 문화유산에 관심을 가지고 공부해야겠지요? 그리고 우리 지역 문화유산의 가치를 잘 모르는 사람들에게 그 가치를 널리 알리기 위해서 노력해야 해요. 문화유산을 홍보하는 안내 자료를 만들거나 문화유산을 보호하자는 *캠페인을 해 보는 것도 좋은 방법일 거예요.

조금 더 쉬운 방법을 알려 줄까요? 바로 우리 지역의 문화유산을 관람할 때 떠들거나 뛰어다니지 않고, 낙서나 쓰레기 버리기 같이 문화유산을 해치는 일을 하지 않는 거예요. 그것만으로도 소중한 우리의 문화유산을 지킬 수 있답니다.

★ **도난** 돈이나 물건 같은 것을 도둑 맞는 것을 말해요.
★ **캠페인** 어떤 일을 함께 하자고 널리 알리는 운동을 뜻해요.

스스로 어린이 문화재 지킴이라고 생각하고, 지역의 문화유산에 대해 좀 더 자세히 공부하고 그 가치를 주변에 알리기 위해 노력했으면 좋겠어요.

👆 **문해력 쏙쏙**

ㅁㅎㄱㅎㅅㅅ 는 사람들에게 문화유산에 대한 이야기를 들려주는 일을 한다. ㅁㅎㅈㅈㅋㅇ 는 문화유산을 많은 사람에게 알리는 것은 물론, 문화유산 주변을 청소하고 관리하는 등 문화유산을 보호하는 역할을 한다.

문해력 튼튼

● 다음 글을 읽고, 질문에 답해 보세요.

문화재에 생명을 불어넣는 보존 과학

여러분은 몸이 아프면 어디로 가나요? 맞아요. 병원에 가지요. 문화유산에게도 병원이 있어요. 바로 '보존 과학실'이라는 곳이에요. 문화유산이 사람도 아닌데 아프기도 하냐고요? 물론이에요. 오랜 세월을 버티다 보니 썩기도 하고 곰팡이가 피기도 하고 관광객들의 낙서 등에 의해 *훼손되기도 하니까요.

'보존 과학'은 이렇게 아프거나 상처가 난 문화유산을 연구하고, 치료하고, 때로는 대대적인 수술까지 해서 새로운 생명을 불어넣는 것을 말해요. 그리고 앞으로 다시는 문화유산이 아프지 않도록 예방하기도 하지요. 우리가 만나는 문화유산의 대부분은 보존 과학의 손길을 거쳤답니다. 그중에는 제대로 잘 *복원된 것도 있고, 복원이 잘못되어 문제를 겪는 경우도 있어요.

예를 들어 전북특별자치도 익산의 *미륵사지 석탑은 1999년부터 20년에 걸쳐 복원 작업이 이뤄졌어요. 꼼꼼하고 완

벽한 준비로 본래의 아름다움을 되찾았지요.

　반대로 경상북도 경주의 *석굴암은 1907년 복원 작업을 했었는데, 정확한 조사나 분석 없이 3년 만에 엉성하게 복원을 해 벽이 갈라져 물이 새는 등의 문제가 생겼어요. 지금도 이 문제를 해결하기 위해 계속해서 노력하고 있다고 해요. 섣부른 복원 작업 때문에 오히려 석굴암은 돌이킬 수 없는 상처를 입고 만 것이에요.

　이렇듯 문화유산을 보호하는 방법은 다양해요. 그리고 그 과정에서 신중하게 준비하고 공부해야 소중한 우리의 보물을 지킬 수 있답니다. 한 번 훼손된 문화유산을 예전 모습으로 되돌리는 일에는 엄청난 시간과 정성, 비용이 드니까요.

✱ **훼손되다** 물건을 함부로 다루어 깨지거나 상해서 못 쓰게 된 것을 말해요.

✱ **복원되다** 망가지거나 부서진 것을 본디대로 되돌리는 것을 의미해요.

✱ **미륵사지 석탑** 전북특별자치도 익산 미륵사 터에 있는 석탑이에요. 백제 무왕 때 지었다고 전해지지요. 우리나라에서 가장 오래된 석탑으로, 국보로 지정되었어요.

✱ **석굴암** 경상북도 경주 토함산에 석굴 모양으로 지은 절로, 통일 신라 때 지어졌어요. 우리나라 국보로, 1995년 유네스코에서 세계 문화유산으로 지정했어요.

● 미륵사지 석탑을 복원하는 데 걸린 시간과 석굴암을 복원하는 데 걸린 시간을 적고, 비교해 보세요.

　미륵사지 석탑을 복원하는 데 걸린 시간 :
　석굴암을 복원하는 데 걸린 시간 :

● 우리 지역의 문화유산을 보호하기 위해 우리가 할 수 있는 일을 이야기해 보세요.

우리 지역의 역사적 인물

　여러분이 다니는 학교에는 동상이 있나요? 예전에는 많은 학교에 이순신 장군 동상이 세워져 있었어요. 이순신 장군은 수백 년 전, 일본이 우리나라에 쳐들어왔을 때 나라를 지키기 위해 *수군을 이끌었던 역사적 인물이지요. 꼭 동상이 아니더라도 온 국민이 이순신 장군을 쉽게 볼 수 있어요. 백 원짜리 동전에 새겨져 있는 인물이 바로 이순신 장군이니까요. 이렇듯 역사적 인물이 꼭 멀리 있지는 않아요. 여러분이 살고 있는 지역에도 지역을 대표하는 역사적 인물은 있기 마련이에요. 내가 사는 지역

* **수군** 조선 시대에 바다에서 나라를 지키던 군대를 말해요.

에는 어떤 역사적 인물이 있을지 궁금하지 않나요?

*화폐 속 인물을 조금 더 살펴볼게요. 우리나라 화폐에 담긴 인물들 중에는 가족 관계를 맺고 있는 경우가 있어요. 바로 오천 원권에 나오는 인물인 이이와 오만 원권에 나오는 인물인 신사임당이 그 주인공이에요. 이이는 신사임당의 아들이랍니다. 두 사람은 모두 강원특별자치도 강릉에서 태어나고 자랐어요. 강릉에는 신사임당의 이름을 딴 '사임당로', 이이의 *호인 율곡을 딴 '율곡로'라는 길도 있어요. 그만큼 이 *모자는 강릉 지역을 대표하는 역사적 인물이라고 할 수 있지요.

만약 강릉에 사는 친구들이 다른 지역에 사는 친구들에게 강릉의 역사를 소개해야 한다면, 신사임당과 이이의 이야기가 빠질 수 없을 거예요. 두 인물을 다른 친구들에게 잘 소개하기 위해서 열심히 조사하고 공부할 테지요.

✱ **화폐** 물건을 사고팔 때 물건 값으로 주고 받는 종이나 쇠붙이로 만든 돈을 말해요.
✱ **호** 본래 이름 외에 따로 지어 부르는 이름을 뜻해요.
✱ **모자** 어머니와 아들을 일컫는 말이에요.

그럼 우리 지역의 역사적 인물을 조사하는 방법에 관해 한번 알아 볼까요?

역사적 인물을 조사하는 방법은 우리 지역의 문화유산을 조사했던 것과 비슷해요. 도서관이나 인터넷을 이용할 수도 있고, 인물과 관련된 장소에 직접 찾아가 답사할 수도 있어요. 예를 들어 강릉에는 신사임당과 이이가 태어나고 자랐던 집인 오죽헌이 보물로 지정되어 있어요. 그곳을 답사하면 두 인물에 대한 생생한 정보를 얻을 수 있지요.

역사적 인물을 조사할 때 주제망을 활용하면 더 *효과적으로 조사할 수 있어요. 주제망은 한 주제와 관련된 것들을 가지를 뻗어 나가게 그리면서 생각을 정리한 것을 말해요. 이렇게 주제망을 이용하면 조사해야 할 내용이 잘 정리될 뿐만 아니라 더 알아봐야 할 새로운 것은 무엇인지도 한눈에 파악할 수 있어요.

우리 지역의 역사적 인물에 대해 조사를 마쳤다면, 이 인물에 관해 친구에게 다양한 방법으로 소개할 수 있을

★ **효과적** 어떤 일을 해서 결과가 좋은 것을 의미해요.

거예요. 역할극을 만들 수도 있고, 뉴스 기사처럼 소개할 수도 있고, 원래 있던 노래의 가사에 인물에 대한 이야기를 담아 바꾸어 불러 줄 수도 있어요.

여기서 주의할 점은 거짓 없이 소개해야 한다는 것이에요. 인물에 대한 조사를 하다 보면 종종 해당 인물의 *업적을 지나치게 *과장하여 표현한 자료도 있거든요. 그래서 여러 자료를 꼼꼼하게 살펴보고 사실에 맞는지 꼭 확인해야 해요.

✱ 업적 열심히 일해서 이룬 훌륭한 결과를 말해요.
✱ 과장하다 질이나 능력 같은 것을 실제보다 훨씬 부풀린다는 뜻이에요.

👍 문해력 쏙쏙

우리 지역의 역사적 인물을 조사하기 위해서는 ㄷ ㅅ ㄱ, ㅇ ㅌ ㄴ 을 이용하거나 인물과 관련된 장소를 ㄷ ㅅ 할 수 있다. 이때 ㅈ ㅈ ㅁ 을 활용하면 조사해야 할 내용이 잘 정리될 뿐만 아니라 더 알아봐야 할 새로운 것은 무엇인지도 한눈에 파악할 수 있다.

　여러분이 사는 지역을 대표하는 역사적 인물을 조사해 보았다면, 이번에는 다른 지역을 대표하는 역사적 인물에는 누가 있는지 알아보는 시간을 가져 볼까요? 앞서 화폐에 나온 몇몇 인물들을 알아본 만큼, 나머지 화폐에 담긴 인물들에 대해서도 이야기해 볼게요.

　만 원권에는 세종 대왕 그림이 있어요. 세종 대왕은 조선의 네 번째 왕으로, 오로지 백성을 생각하며 나라를 다스렸어요. 세종 대왕은 백성을 위해 과학 기술과 문화를 발전시키기 위해 힘썼고, *국방도 튼튼히 했어요. 무엇보

✽ 국방 다른 나라로부터 자기 나라를 지키는 일을 뜻해요.

다 우리가 사용하고 있는 한글의 뿌리인 훈민정음을 *창제한 것이 세종 대왕의 가장 큰 업적이랍니다.

천 원권에 그려진 역사적 인물은 이황이에요. 이황은 경상북도 안동에서 태어난 역사적 인물이에요. 그는 조선 시대 최고의 학자이자 정치인이었어요. 40여 년을 *관직에 머무르면서 무려 4명의 임금을 모셨다고 하지요. 안동에 있는 도산 서원은 이황이 관직에서 물러난 뒤 지은 곳이에요. 이황에게 학문을 배우고 싶은 수많은 사람들이 전국에서 이곳으로 모였다고 해요. 이황은 도산 서원에서 제자들을 가르치며 많은 책을 썼어요.

다른 지역의 역사적 인물도 좀 더 살펴볼까요? 먼저 경기도부터 알아볼게요. 경기도에는 어떤 역사적 인물이 있을까요? 바로 정약용이에요. 정약용이라는 이름을 들어 본 적이 있다고요? 그럴 수 있어요. 정약용은 조선 후기를 대표하는 학자거든요. 정약용은 실생활에 도움이 되는 학문인 실학을 연구했어요.

여기서 퀴즈를 하나 낼게요. 정약용이 직접 설계하고

★ **창제하다** 전에 없던 것을 처음으로 만드는 것이에요.
★ **관직** 나랏일을 하는 자리를 말해요.

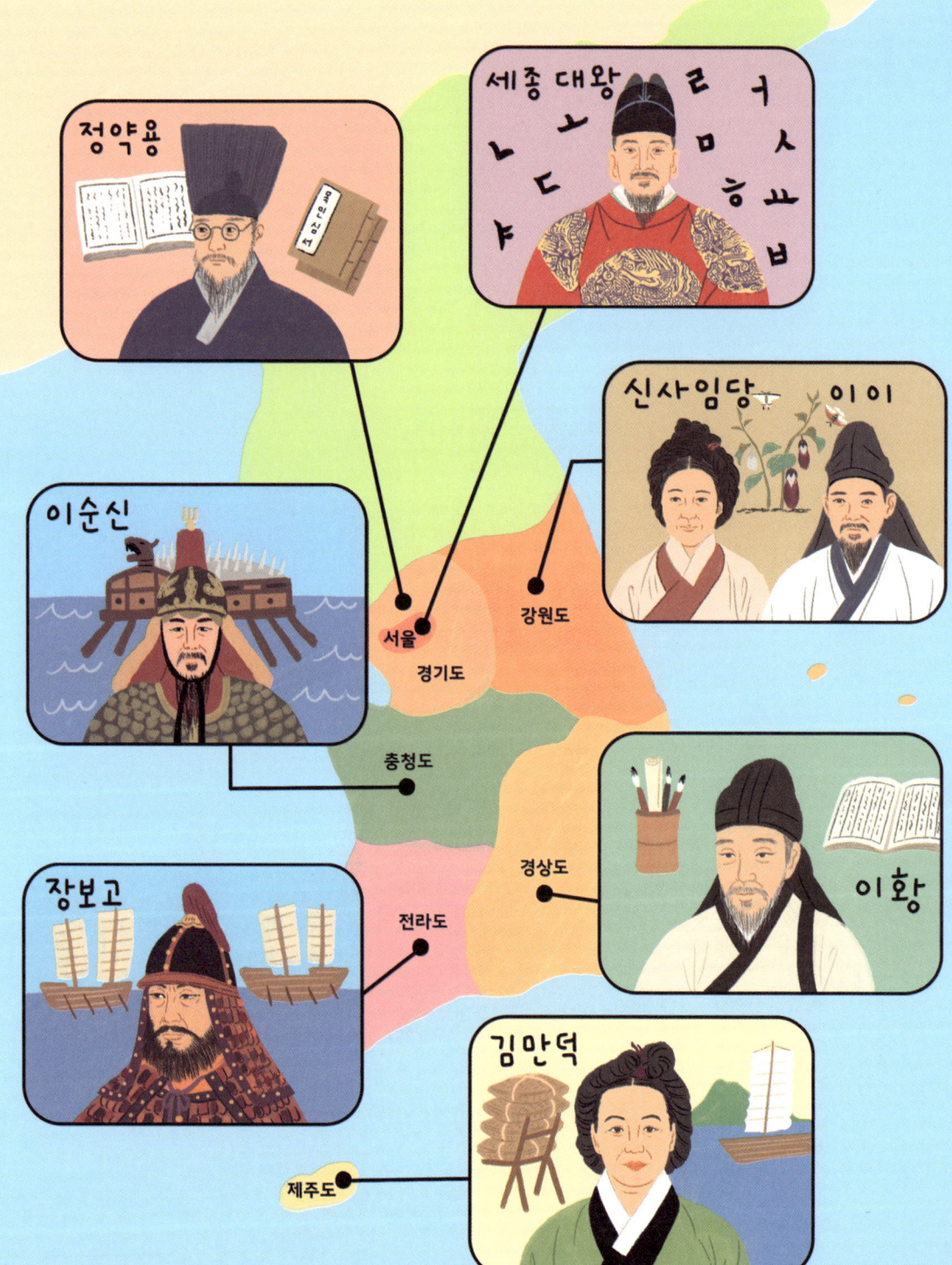

만든 *거중기로 지은 유명한 문화유산이 있어요. 이것의 이름은 무엇일까요? 힌트를 줄게요. 그것은 경기도 수원에 있어요. 정답은 바로 수원 화성이랍니다. 정약용은 유용한 발명품을 많이 남기기도 했지만, 500권이 넘는 책을 써서 남기기도 했어요.

전라도의 역사적 인물로는 장보고를 소개할게요. 장보고는 통일 신라의 장군이에요. 전라남도 완도에 청해진이라는 기지를 설치하고 바다의 해적을 *소탕했답니다. 장보고의 활약 덕분에 통일 신라는 안전하게 *무역을 할 수 있었어요. 장보고도 중국과 일본을 잇는 무역을 통해 부를 쌓으며 '해상왕'이라는 별명도 얻게 되었지요.

제주도의 역사적 인물로는 조선 후기 상인이었던 김만덕이 있어요. 김만덕은 제주도에서 *유통업을 해 크게 성공하여 부를 쌓은 *거상이었어요. 그때 제주도에는 *흉년

★ **거중기** 조선 시대에 무거운 물건을 들어 올리는 데 쓰던 기계예요.
★ **소탕하다** 나쁜 무리를 모조리 없앤다는 의미예요.
★ **무역** 다른 나라와 물건을 사고파는 것을 말해요.
★ **유통업** 물건을 만든 사람에게서 살 사람에게 전달하는 활동을 하는 일을 말해요.
★ **거상** 아주 크게 하는 장사나 그런 장사를 하는 사람을 가리켜요.
★ **흉년** 농사가 다른 해보다 잘 되지 않은 해를 말해요.

이 들어 굶주려 죽는 사람들이 계속해서 나왔어요. *조정에서는 백성들을 구하기 위한 식량을 급하게 제주도로 보냈는데 엎친 데 덮친 격으로 쌀을 실은 배가 *풍랑으로 *침몰하는 사고가 발생했지요. 이를 안타깝게 여긴 김만덕은 자신의 전 재산으로 육지에서 식량을 사들여 굶주리고 있는 제주도 사람들에게 나누어 주었어요. 지금으로 치면 김만덕은 *자선 사업가로 활동했던 거예요.

✱ **조정** 옛날에 임금이 신하들과 나랏일을 의논하고 결정하던 곳이에요.
✱ **풍랑** 거센 바람을 받아서 이는 거친 물결을 말해요.
✱ **침몰하다** 배가 물속으로 가라앉는 것을 뜻해요.
✱ **자선 사업가** 가난하고 불쌍한 사람을 돕는 사람을 말해요.

 문해력 쏙쏙

훈민정음을 창제한 ㅅ ㅈ ㄷ ㅇ 은 서울을, 도산 서원에서 많은 제자를 배출한 ㅇ ㅎ 은 경상도를, 화성을 설계하고 거중기를 발명한 ㅈ ㅇ ㅇ 은 경기도를, 청해진을 설치하고 해적을 소탕한 ㅈ ㅂ ㄱ 는 전라도를, 전 재산으로 굶주린 사람들을 구한 ㄱ ㅁ ㄷ 은 제주도를 대표하는 역사적 인물이다.

문해력 튼튼

● 다음 글을 읽고, 질문에 답해 보세요.

*지명과 대표 먹거리로도
우리 지역의 역사를 알 수 있다고?

우리 지역의 역사는 지역의 문화유산과 역사적 인물을 조사하는 것 외에도 지명의 *유래나 지역의 먹거리를 통해서도 알아볼 수 있어요.

먼저 지명에 지역의 역사가 담긴 사례를 살펴볼까요? 서울의 '잠실'은 한자로 쓰면 '蠶室(누에 잠, 집 실)', 한마디로 '누에를 치는 방'이라는 뜻이에요. 조선 시대 때 비단을 만들기 위해 이 지역에서 뽕나무를 심고 누에를 키우는 방을 두었다는 데에서 지역 이름이 유래되었다고 해요.

아름다운 바다를 볼 수 있는 부산의 '태종대'는 삼국을 통일한 신라의 태종 무열왕이 이곳에서 휴식을 취했다고 해서 붙여진 이름이에요.

강원특별자치도 철원에서 시작하는 강, '한탄강'은 그 유래가 다양하답니다. 궁예가 고려를 세운 왕건에 쫓겨 도망치다 이곳에서 자신의 처지를 *한탄했다고 해서 한탄강이

되었다는 이야기도 있고, 6·25 전쟁 때 사람들이 *피란을 가다가 한탄강을 만나 건너지 못하고 한탄했다고 해서 이름이 붙여졌다는 이야기도 있어요.

　대표 먹거리로도 지역의 역사를 살펴볼 수 있어요. 경기도 의정부를 대표하는 음식은 뭘까요? 바로 '부대찌개'예요. 6·25 전쟁 때 미국 군대가 우리나라에 왔는데, 미군 *부대는 특히 의정부에 많이 있었어요. 자연스럽게 미군 부대 근처에서는 그들이 먹는 햄이나 소시지를 쉽게 구할 수 있었고, 여기에 얼큰한 국물 음식을 좋아하는 우리나라 사람들의 입맛을 더해 만들어진 음식이 부대찌개예요.

　강원특별자치도 속초는 '아바이순대'가 유명한데, 이 순대는 원래 함경도 지역의 음식이었어요. 아바이순대가 속초의 대표 음식이 된 까닭 또한 6·25 전쟁과 관련이 있지요. 속초에 있는 아바이마을은 전쟁을 피해 함경도에서 이곳으로 온 *실향민들이 만든 마을이에요. 이 마을의 주민들이 만들어 먹던 고향 음식이 *입소문을 타고, 아바이순대라는 이름을 얻게 된 것이랍니다.

이렇듯 지명과 대표 음식을 통해서도 우리 지역의 역사와 옛 생활 모습을 알아볼 수 있어요. 각자 자신이 사는 지역에는 어떤 역사가 있는지 다양한 방면에서 알아보는 시간을 가져 보는 것은 어떨까요?

★ **지명** 나라, 도시, 마을, 산, 강 등 땅의 이름을 가리켜요.
★ **유래** 일이나 물건이 옛날부터 이어져 내려온 과정, 혹은 그 역사나 바탕을 뜻해요.
★ **한탄하다** 뉘우치거나 분하거나 아쉬워서 한숨을 내쉬는 것이에요.
★ **피란** 전쟁 같은 난리를 피해 다른 데로 가는 것을 뜻해요.
★ **부대** 일정한 규모로 짜인 군인 무리를 일반적으로 가리키는 말이에요.
★ **실향민** 전쟁, 재해 등으로 고향을 잃고 다른 곳에 사는 사람을 뜻해요.
★ **입소문** 입에서 입으로 전하는 소문을 말해요.

● 우리 지역의 이름은 어떤 의미를 가지고 있는지, 우리 지역을 대표하는 음식에는 어떤 역사가 있는지 조사해 보세요.

● 지명, 음식 이외에 우리 지역의 역사를 알아볼 수 있는 방법에는 또 무엇이 있을지 이야기해 보세요.

한눈에 읽는 개념 지도

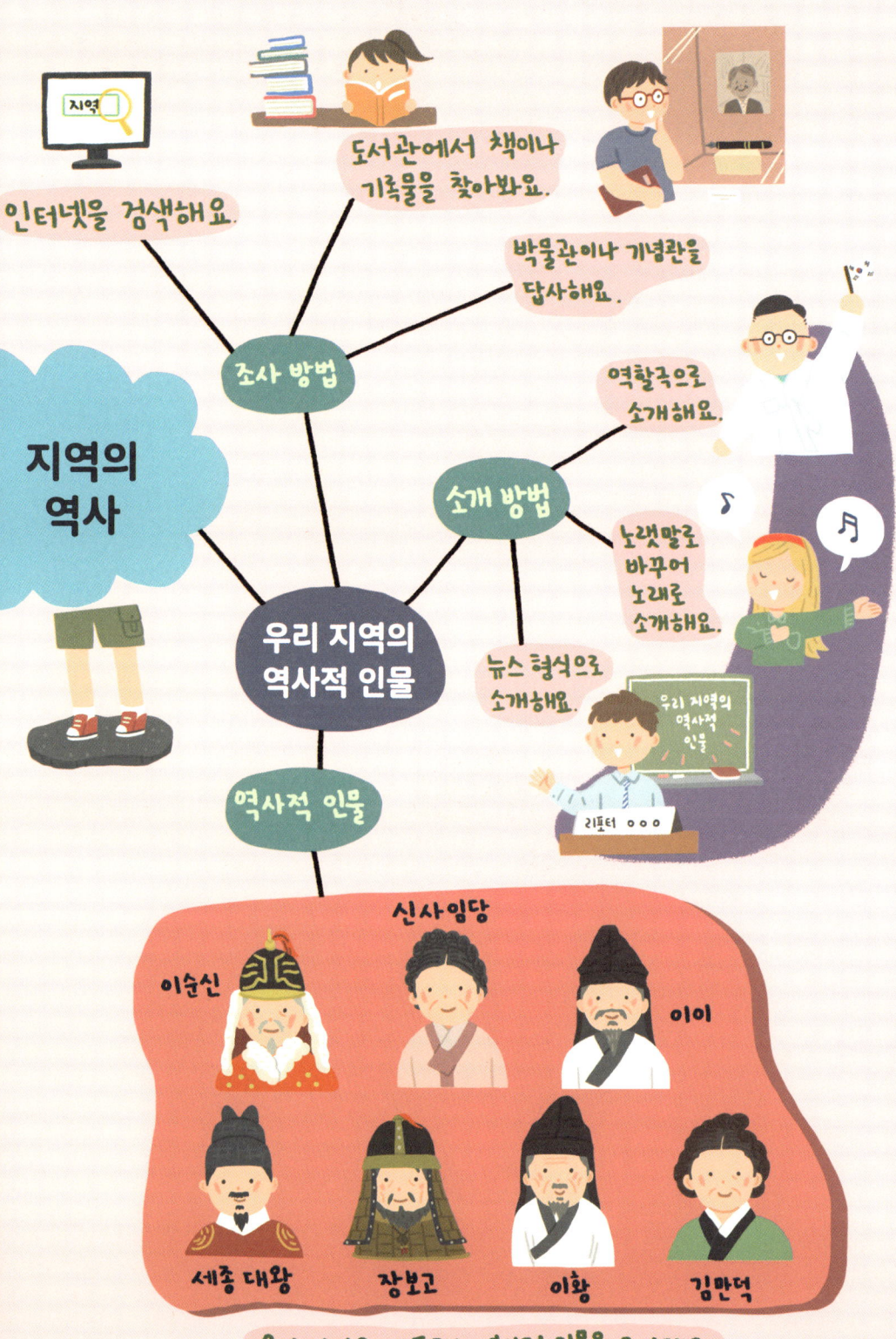

지역의 공공 기관과 주민 참여

우리 지역의 공공 기관

 '공공 기관'이라는 말을 들어본 적이 있나요? 공공이라고 하니까 숫자 '00'이 떠오르고 알쏭달쏭하다고요? 공공은 한자로 '공평할 공(公)', '함께 공(共)'이 합쳐진 말로, 여러 사람들이 공평하게 함께한다는 뜻이에요. 여전히 알쏭달쏭하지요? 공공 기관이 어떤 일을 하는지 살펴보면 좀 더 이해하기 쉬울 거예요.

 <mark>공공 기관</mark>은 여러 사람들의 문제를 해결해 주거나 사회를 위해 필요한 일을 하는 곳이에요. 정부나 *지방 자치 단체에서 만들고 관리하지요. 공공 기관은 '공공'의 의

✱ **지방 자치 단체** 지역 주민들을 위하여 대표들이 지역의 살림살이를 꾸려 나가는 곳이에요.

미처럼 누구나 공평하게 이용할 수 있어요. 그리고 우리가 살아가면서 생기는 문제들을 해결해 준답니다. 개인이 아닌 우리 모두의 *이익을 위해 일을 하는 곳이고, 사람들이 편리한 생활을 할 수 있도록 도와주는 곳이라는 점이 공공 기관의 가장 큰 특징이에요.

그렇다면 아래 그림에 나온 시설 중에서 공공 기관인 것과 아닌 것을 구분해 볼까요?

★ **이익** 이롭거나 보탬이 되는 것을 의미해요.

막상 구분해 보려고 하니 쉽지 않지요? 그림의 시설 중 공공 기관인 것은 경찰서, 시청, 보건소, 행정 복지 센터, 소방서예요. 대형 마트, 백화점, 카페는 공공 기관이 아니에요. 이곳들은 사람들에게 필요한 물건을 팔면서 우리의 삶에 도움을 주지만, 개인이나 기업이 이익을 얻기 위해 세운 곳이기 때문이에요.

'이익도 얻지 못하는데 공공 기관이 왜 필요할까?'라고 생각하는 친구들도 있을 거예요. 만약 공공 기관이 우리 곁에 없다면 어떻게 될지 생각해 볼까요? 공공 기관이 없다면 사회는 큰 혼란에 빠질 수 있어요. 공공 기관은 개인이 해결하기 어려운 우리 사회의 문제를 해결해 주고, 사람들의 생활을 편리하고 안전하게 지켜 주는 역할을 하거든요.

예를 들어 학교 앞의 신호등이 고장 났다고 해 볼게요. 신호등을 고치러 아무도 오지 않는다면 학교 앞은 차와 사람이 엉켜 혼잡해지고 지나다니는 사람들이 위험에 빠질 수도 있어요. 신호등을 고치는 일처럼 누군가 돈을 버는 것은 아니지만 우리 삶에 꼭 필요한 일들을 공공 기관이 하고 있는 거예요.

공공 기관에서 하는 일은 크게 세 가지로 나눌 수 있어요. 첫째, 사람들의 안전을 지키는 일이에요. 도로나 다리 등의 안전을 점검하고, 화재를 예방하고, *방범 시설을 설치하고, 범죄가 벌어졌을 때 이를 해결하는 등의 일이지요. 소방서, 경찰서 등이 이런 일을 하고 있어요.

둘째, 사람들의 건강과 *복지를 위한 일이에요. 보건소에서 건강 검진을 하거나 예방 주사를 접종하면서 사람들의 건강을 챙기는 일, 어린이나 노인, 장애인 등을 위한 시설을 만들고 공원에 체육 시설을 마련해서 사람들의 건강을 챙기는 일 등을 하지요.

셋째, 공공 기관은 살기 좋은 환경을 꾸미고 문화 활동을 *지원해요. 공원을

★ **방범** 범죄가 일어나지 않게 미리 살피고 막는 것을 뜻해요.
★ **복지** 행복하게 사는 것을 말해요.

만들고 미술관이나 도서관을 운영하고 다양한 문화 행사를 마련해 사람들이 행복하게 살아갈 수 있게 도와주지요. 동네 게시판이나 길거리의 *현수막에서 지역에서 하는 축제나 행사를 홍보하는 것을 본 적이 있을 거예요. 그 모든 게 공공 기관의 역할이랍니다.

이렇듯 우리 주변에는 지역 주민이 안전하고 편리하게 생활할 수 있도록 다양한 공공 기관이 공공의 이익을 위해 일을 하고 있어요.

★ **지원하다** 일이나 사람, 단체를 돕는 것이에요.
★ **현수막** 여러 사람에게 알리거나 광고하는 글을 써서 높이 내건 천을 말해요.

👆 문해력 쏙쏙

ㄱ ㄱ ㄱ ㄱ 은 여러 사람들의 문제를 해결해 주거나 사회를 위해 필요한 일을 하는 곳이다.

　우리는 생활 속에서 알게 모르게 많은 공공 기관의 도움을 받으며 지내고 있어요. 우리 생활 곳곳에 자리한 공공 기관으로는 어떤 것이 있을까요?

　여러분에게 가장 친밀한 공공 기관이라면 단연 학교일 거예요. 학교는 학생들을 교육하기 위해 만든 공공 기관이라고 볼 수 있어요.

　그리고 여러분과 관련이 있는 공공 기관에는 또 어떤 것이 있을까요? 먼저 교육청이 있어요. 교육청은 학교 교육을 비롯해 다양한 교육 활동을 지원해요. 학교를 새로 짓거나 헌 책상과 헌 의자를 바꿔 주고, 컴퓨터나 실험 기구 등을 지원하면서 더 나은 교육 환경을 만들기 위해

노력하는 공공 기관이지요.

도서관도 빼놓을 수 없어요. 도서관은 지역 사람들에게 다양한 책을 빌려주고, 편안하게 독서할 수 있는 공간을 마련해 줘요. 그리고 책 전시회와 작가와의 만남 등 다양한 문화 행사를 열기도 하지요.

이 밖에도 박물관, 미술관과 같은 공공 기관에서는 전시를 보면서 사람들이 문화생활을 할 수 있도록 도와준답니다.

행정 복지 센터도 지역 주민들에게 많은 도움을 주고

있어요. 행정 복지 센터에서는 각종 서류를 *발급하고, 지역의 환경을 아름답게 가꾸지요. 더불어 탁구 교실이나 노래 교실 등을 열어서 주민들이 다양한 문화생활을 할 수 있게 돕기도 해요. 행정 복지 센터는 항상 주민들의 요청에 귀 기울이며 살기 좋은 동네를 만들기 위해 노력하고 있답니다.

최근 공공 기관 중에서 주목받고 있는 곳이 하나 있어요. 전 세계적으로 큰 어려움을 안긴 코로나19에 맞서 가장 많은 노력을 한 공공 기관이에요. 어디일까요? 바로 보건소예요. 보건소는 지역 주민들의 건강을 돌보는 일을 해요. 아픈 사람들을 치료하고, 예방 접종이나 건강 교육 등을 통해 병을 예방하고 주민들이 더 건강한 삶을 누릴 수 있도록 돕지요. 홀로 사는 노인이나 장애인을 돌보며 생활이 어려운 사람들을 무료로 치료해 주기도 해요.

여기서, 질문! 그럼 병원은 공공 기관일까요, 아닐까요? 아픈 사람을 치료해 주는 병원은 사람들의 건강을 위해 꼭 필요한 곳이에요. 하지만 병원에 가면 우리는 대부

★ 발급하다 증명서 같은 서류를 만들어서 내어 주는 것을 뜻해요.

분 치료비를 내야 해요. 마치 우리가 상점에 가서 물건을 사는 것처럼 일정한 *대가를 지급해야 하지요.

그렇다고 병원이 공공 기관이 아니라고만 할 수는 없어요. 병원 중에는 돈을 벌기 위해 기업이나 개인이 만든 곳도 있고, 국가나 지역에서 *형편이 어려운 환자들을 진료하기 위해 만든 공공 병원도 있거든요. 공공 병원은 이익을 따지지 않고 *공익을 위해 운영돼요. 그래서 돈을

★ 대가 일을 한 값으로 받는 돈을 가리켜요.
★ 형편 개인이나 집단의 경제 상태를 말해요. '형편이 어렵다'는 것은 살림살이를 꾸리기에 가진 돈이 부족한 것을 의미하지요.

많이 벌지 못해 운영이 어려울 때도 있답니다.

이렇게 *수익이 잘 나지 않는 공공 기관의 이익을 높이기 위해 일반 기업처럼 바꾸는 것을 민영화라고 해요. 민영화를 하면 공공 기관이 기업처럼 발 빠르게 움직이며 새로운 것들을 만들어 갈 수 있고, 수익을 더 많이 낼 수 있기 때문에 세금을 적게 사용한다는 장점이 있어요. 반면 문제점도 있지요. 병원이 수익을 내는 데에만 집중해서, 형편이 어려운 사람들이 *소외되는 현상이 발생할 수 있거든요. 그래서 공공 기관을 민영화할 때에는 다양한 가능성을 생각한 뒤 신중하게 결정하는 것이 좋아요.

마지막으로 재미있는 사실을 하나 알려 줄까요? 바로 공공 기관들이 주로 교통이 편리한 중심지에 자리하고 있다는 점이에요.

왜 그럴까요? 공공 기관을 이용하는 사람들이 많기 때문이에요. 사람들이 공공 기관을 쉽게 오갈 수 있어야 하니까요. 또한, 여러 공공 기관이 한곳에 모여 있어야 사

✱ **공익** 사회의 모든 사람에게 돌아가는 이익을 말해요.
✱ **수익** 장사 같은 일을 해서 얻는 이익을 말해요.
✱ **소외되다** 어떤 무리에서 거부당하거나 남에게 따돌림을 받는 것을 뜻해요.

람들이 편하게 다양한 볼일을 처리할 수 있겠지요? 이렇듯 공공 기관이 몰려 있는 중심지를 무엇이라고 하는지 기억하나요? 맞아요. 바로 행정의 중심지예요.

👆 **문해력 쏙쏙**

ㅎㄱ 는 학생들을 교육하는 일을 하고, ㄱㅇㅊ 은 학교 교육을 비롯해 다양한 교육 활동을 지원하는 일을 하는 공공 기관이다. ㅎㅈㅂㅈㅅㅌ 는 지역 주민들이 더 나은 삶을 누릴 수 있도록 행정 지원, 환경 보전, 문화 행사 등을, ㅂㄱㅅ 는 지역 주민들의 건강을 돌보는 일을 한다.

　공공 기관은 이익을 내기보다는 국민들을 위해 *봉사하는 곳이에요. 국민의 안전과 행복을 위해 수많은 일을 하지요. 이처럼 국민을 위해 나라와 지역 살림을 꾸려 나가려면 돈이 필요해요. 그렇다면 공공 기관을 *운영하는 데 필요한 돈은 어디서 나오는 걸까요?

　바로 세금이에요. 국가는 국민들로부터 세금을 걷어 공공 기관을 만들고 운영한답니다.

　여러분이 학교에서 공부하고, 도서관과 박물관을 이용

★ **봉사하다** 남을 도우려고 애쓰는 것을 말해요.
★ **운영하다** 회사, 조직, 단체 들을 꾸리고 맡아서 이끈다는 말이에요.

하고, 친구들과 함께 공원에서 놀 수 있는 것은 모두 세금 덕분이라고 할 수 있어요.

이 외에도 세금은 다양한 일에 쓰여요. 우리를 범죄로부터 지켜 주는 일을 하는 경찰서, *재난과 같은 위험한 일이 닥쳤을 때 우리를 돕는 소방서도 세금으로 운영되고 있어요. 다른 나라로부터의 위협을 막고 우리나라를 지키는 군대도 세금으로 유지하지요.

세금은 이렇게 우리를 위한 중요하고 다양한 일에 쓰

✱ 재난 뜻하지 않게 갑작스럽게 생긴 불행한 사고를 말해요.

여요. 따라서 국민이라면 반드시 세금을 내야 하는 *의무가 있답니다. 가끔 텔레비전에서 세금을 내지 않는 사람들의 집으로 *공무원들이 찾아가 세금을 걷는 모습을 본 적이 있을 거예요. 이렇게 할 수 있는 이유는 우리나라 국민 모두가 나라의 살림을 위해 돈을 내고 있기 때문이에요. 모두가 성실히 세금을 내는데, 누군가는 제대로 내고 있지 않다면 공평하지 않겠지요?

그럼 어린이인 여러분은 세금을 낸 적이 있을까요? 없는 것 같다고요? 아니에요. 아마 아주 많이 내 보았을 거예요. 사실 여러분이 마트나 문구점에서 샀던 모든 물건의 값에는 세금이 포함되어 있거든요.

세금에는 두 가지 종류가 있어요. 돈을 번 사람들로부터 직접 걷는 세금과 물건을 살 때 물건의 값에 포함해 걷는 세금이지요. 아직 *소득이 없는 여러분은 직접 걷는 세금을 내 본 적은 없을 거예요. 하지만 물건의 값에 포함된 세금은 물건을 살 때마다 계속해서 내고 있었던 거예요!

★ **의무** 마땅히 해야 할 일을 뜻해요.
★ **공무원** 국가 또는 지방 자치 단체의 업무를 담당하고 집행하는 사람이에요.
★ **소득** 어떤 일을 해서 얻는 이익이나 돈을 말해요.

여러분도 나라에 세금을 내는 국민 중 한 사람으로서 세금이 어디에 쓰이고 있는지, 잘 쓰이고 있는지 관심을 가져 보세요.

👍 **문해력 쏙쏙**

국민을 위해 나라와 지역 살림을 꾸려 나가기 위해서는　ㄷ　이 필요하다. 이에 나라는 국민들에게　ㅅㄱ　을 걷어 필요한 비용을 마련한다.

평소에 가 보지 못한 공공 기관을 직접 찾아가 보면 어떨까요? 인터넷 검색이나 책으로 공공 기관에 관해 알아볼 수도 있겠지만, 직접 방문해서 살펴보면 더 생생히 공공 기관을 알 수 있을 거예요. 너무 막막하다고요? 걱정 말아요. 이번에는 공공 기관을 *견학하려면 어떻게 하는 것이 좋은지 살펴볼 테니까요.

공공 기관을 찾아가기 전에 미리 준비해야 할 것이 있어요. 바로 계획을 세우는 거예요. 우선 어떤 공공 기관에 가면 좋을지 생각해 봐야겠죠? 행정 복지 센터, 구청

★ **견학하다** 어떤 장소를 직접 방문하여 그곳에서 구체적인 지식을 배우는 것이에요.

이나 군청, 보건소, 경찰서, 소방서, 도서관, 박물관 등등 우리 주변에는 공공 기관이 정말 많아요. 너무 많아서 선택이 어렵다고요? 그럴 땐 각 공공 기관의 홈페이지를 미리 살펴보고, 어떤 일을 하는 곳인지 알아보면 도움이 돼요.

가고 싶은 공공 기관을 선택했나요? 그렇다면 다음으로 해야 할 일이 있어요. 그 공공 기관이 견학 가능한 곳인지 확인하고 약속을 정하는 거예요. 공공 기관은 각각 맡은 일들을 처리해야 하기 때문에 여러분을 안내해 줄 프로그램이 없을 수도 있어요. 이럴 땐 막상 찾아가도 제대로 된 안내를 받을 수 없지요. 그래서 꼭 미리 연락을 해서 방문 일정을 잡아야 해요.

만약 공공 기관의 방문 일정을 잡기 어렵다면, 팁을 하나 줄게요. 바로 박물관 견학을 선택하는 거예요. 대부분의 박물관에는 *정기적으로 전시를 안내하는 프로그램이 있거든요. 그 시간에 맞춰 방문을 한다면, 약속을 하지 않고도 안내를 해 주시는 분께 박물관이 하는 일과 전시

★ **정기적** 어떤 일을 정해진 동안이나 정해진 때에 맞추어 하는 것을 말해요. 반대말은 '부정기적'이에요.

에 대해 설명을 들을 수 있답니다.

  견학할 공공 기관을 선택하고, 방문 일정도 잡았다면 가기 전에 해야 할 일이 하나 더 있어요. 견학 가서 안내를 받는 것도 좋지만, 방문할 공공 기관이 어떤 곳이고, 주로 무슨 일을 하는 곳인지 미리 알아보는 거예요. 홈페이지를 살펴보는 것도 좋고, 해당 공공 기관에서 만든 소개 자료나 소식지, 신문, 책자 등의 홍보물을 찾아보는 것도 도움이 될 거예요. 그리고 조사하며 궁금했던 점을 미리 메모해서 가져가는 것도 좋아요. 이렇게 준비를 하고 간다면 직접 방문했을 때 더 알차면서도 재미있게 공공 기관을 견학할 수 있답니다.

  자, 이제 준비도 모두 마쳤고, 드디어 약속한 날이 다가왔어요! 공공 기관을 견학할 때는 어떻게 하는 게 좋을까요? 우선 안내를 맡아 주신 분의 설명을 귀 기울여 듣는 게 가장 중요할 거예요. 그리고 필요한 내용은 간단히 메모하고, 궁금한 것이 있다면 안내해 주시는 분께 물어보세요. 안내를 해 주시는 분께 미리 *동의를 구하고 녹

✶ 동의 남과 의견을 같이하거나 남의 의견이나 행동을 좋다고 인정하는 것을 뜻해요.

음을 하며 들을 수도 있어요. 마치 기자들이 인터뷰를 하는 것처럼 말이에요.

공공 기관을 견학하고 나서는 그 내용을 정리해서 보고서를 쓰면 좋아요. 기자처럼 기사 형식으로 써 볼 수도 있지요. 보고서를 쓸 때는 방문한 공공 기관의 이름과 방문 날짜, 조사한 내용과 방법, 그리고 실제로 견학하면서 알게 된 점과 느낀 점, 더 알아보고 싶은 점 등을 쓰고 촬영한 사진이 있다면 함께 정리해 보세요. 이렇게 보고서를 써 보면 견학한 내용을 잘 기억할 수 있고, 여러 사람과 함께 나눌 수도 있어요.

자, 이제 공공 기관 견학에 대해 잘 알았나요? 낯설고 어렵게 느껴졌던 공공 기관 견학도 이렇게 해 보면 한번 도전해 볼 만할 거예요. 그럼 이제 계획을 세워 볼까요?

👆 **문해력 쏙쏙**

공공 기관을 ㄱ ㅎ 할 때에는 가고 싶은 공공 기관을 먼저 선택하고, 미리 ㅂ ㅁ ㅇ ㅈ 을 잡는다. 다녀온 후에는 ㅂ ㄱ ㅅ 를 작성하면 견학 내용을 잘 기억할 수 있고, 여러 사람과 함께 나눌 수도 있다.

문해력 튼튼

● 다음 글을 읽고, 질문에 답해 보세요.

*방역은 어떻게 하나요?

안녕하세요. 친구들! 저는 성북구청에서 *학예사로 일하고 있는 최인담입니다. 여러분이 사는 도시마다 '○○구청', '○○시청' 같은 기관이 있을 거예요. 많은 시민들은 이곳에서 주민 등록 등본을 떼거나 해외에 나갈 때 꼭 필요한 여권을 만들기도 하고, 직접 우리 마을의 정책을 만드는 일에 참여하기도 한답니다. 저는 이곳에서 마을의 역사와 인물을 담은 박물관을 만드는 일을 하고 있어요. 그런데 코로나19가 전 세계를 휩쓸고 있는 올해는 아주 특별한 일을 하고 있답니다. 여러분께 그 일을 꼭 말씀드리고 싶어요.

저는 지난 8월 15일 처음으로 방호복을 입게 되었어요. '방호복'이란 코로나19와 같이 *전염성을 가진 바이러스나 나쁜 물질로부터 몸을 보호하고자 입는 옷이에요. 이 옷은 주로 *부직포나 비닐로 되어 있는데 머리부터 발끝까지 감싸게 되어 있어요. KF94 마스크로 입과 코를 가리고 얇은

고무로 만든 라텍스 장갑을 끼고 거기에 투명 *고글을 쓴답니다. 무더운 여름에는 장갑을 낀 손이 땀으로 끈적끈적하고, 마스크에서 새어 나오는 숨결 때문에 고글에 늘 뿌옇게 김이 서리곤 해요. 방호복은 바람도 잘 통하지 않아 땀이 주르륵 나요. 게다가 대부분 *상의와 *하의가 붙어 있는 우주복 형태라 화장실 한 번 다녀오기도 여간 불편한 게 아니에요.

저는 의사 선생님 혹은 간호사 선생님도 아닌데 왜 방호복을 입고 있을까요?

저를 비롯한 주민들은 언제 어디서 바이러스에 감염될지 모른다는 생각에 매우 걱정스러워요. 그래서 저는 우리 지역에 거주하는 주민들이 안전하게 생활할 수 있도록 '사회적 거리 두기'를 실천하는 일을 하게 되었답니다.

성북구청에서 일하는 많은 직원들은 원래 하던 일을 잠시 뒤로하고 선별 진료소에서 시민들이 안전하게 검사를 받을 수 있도록 안내하기도 하고, 코로나19 *양성이 나온 시민들이 언제 어디에서 누구와 있었는지 꼼꼼히 조사하는 일을 하기도 해요. 또 병원으로 가야 하는 확진자를 안전하게 앰뷸런스에 태워 함께 이동하는 일도 한답니다. 그리고 우리 주변에 흔히 볼 수 있는 PC방, 노래방, 헬스장, 태권도장, 필라테스 센터 등에서 마스크 쓰기, 체온 확인하기, 손 소독하기 등 방역 수칙을 잘 지키고 있는지 확인하는 일도 하고 있어요.

그리고 매주 일요일마다 혹시 코로나19가 널리 퍼지지 않도록 예방 활동을 하면서 보이지 않는 곳에서 시민의 안전을 지키려고 노력하고 있어요.

✼ **방역** 감염병이 발생하거나 유행하는 것을 미리 막는 일이에요.
✼ **학예사** 박물관이나 미술관에서 전시를 기획·운영하고 역사적 자료나 물건, 혹은 작품을 수집·관리하는 일을 전문으로 하는 사람을 말해요.
✼ **전염성** 남에게 옮아가는 성질을 말해요.
✼ **부직포** 실로 짜는 대신 풀 같은 것으로 붙여서 만드는 천이에요.
✼ **고글** 먼지나 강한 빛 등으로부터 눈을 보호하는 데 쓰는 안경을 말해요.
✼ **상의** 상의는 여러 뜻이 있지만, 여기에서는 옷을 가리킬 때는 위에 입는 옷이라는 뜻으로 쓰였어요.
✼ **하의** 하의는 아래에 입는 옷을 말해요.
✼ **양성** 검사 결과에서 병에 걸린 것으로 나타나는 일을 가리켜요. 반대말은 음성이에요.

● 이 글을 쓴 박물관의 학예사와 보건소에서 일하는 의사·간호사의 공통점은 무엇인지 이야기해 보세요.

● 학예사처럼 보이지 않는 곳에서 공공을 위해 일하고 있는 분들은 또 누가 있을지 적어 보세요.

지역 문제와 주민 참여

　우리는 지역에서 살아가면서 뜻하지 않은 상황을 마주할 때가 있어요. 학교 앞 도로에 울타리가 없어 사고가 날 뻔했던 일, 골목 가로등이 잘 작동되지 않아 밤에 위험했던 일, 또 주차할 공간이 모자라 이웃 간의 다툼이 생겼던 일 등등 개인이 해결하기에는 어려운 문제가 일어나기도 해요. 이렇게 지역 주민의 삶을 불편하게 하거나 주민 간의 갈등을 일으키는 여러 문제를 ==지역 문제==라고 해요.

　여전히 지역 문제가 무엇인지 잘 이해가 가지 않는다고요? 그렇다면 여러분이 집에서 학교를 오가는 통학로를 자세히 살펴보세요. 그럼 새로운 것들이 보일 거예요.

여러분이 다니는 학교 근처에서 노란색으로 표시된 길을 본 적이 있나요? 횡단보도 앞의 벽과 바닥을 노란색으로 칠해 둔 것 말이에요. 이곳은 노란색으로 칠해진 벽과 바닥이 카펫 같다고 해서 '옐로 카펫'이라고 불러요. 옐로 카펫은 지역 문제를 해결하기 위해 만들었답니다.

학교 근처 횡단보도에서는 전국적으로 교통사고가 자주 일어나곤 했어요. 이곳에서 어린이들이 교통사고로 다치거나 심지어 목숨을 잃는 경우도 있었지요. 이 문제를 해결하고자 지역 주민들과 교통 전문가들이 모였어요. 그

결과 옐로 카펫이 만들어진 거예요. 횡단보도에 길을 건너는 사람이 있다고 알려 주기 위해 눈에 잘 띄는 노란색으로 카펫을 만든 것이지요.

최근 학생들 가방에 안전 덮개를 씌워 어린이들의 안전을 지키는 것도 바로 지역 주민들의 관심과 참여 덕분이에요. 이 가방 안전 덮개는 경상남도의 한 선생님께서 어린이들의 안전을 위해 제안한 것이었는데 효과가 좋아 전국적으로 널리 퍼져 나갔다고 해요.

옐로 카펫과 안전 덮개는 바로 지역의 문제를 해결하고자 하는 주민들의 적극적 참여로 만들어졌어요. 이로 인해 어린이뿐만 아니라 많은 사람의 안전을 지킬 수 있게 되었고요.

문제가 있다는 걸 알고도 모른 체하고 지나가면 언젠가는 또 다시 사고가 날 수 있어요. 그런 비극적이고 안타까운 일들이 되풀이되는 것을 막아야 해요.

지역의 문제는 그 지역에 사는 주민들이 가장 잘 알고 있어요. 따라서 지역 문제에 대한 해결책을 찾는 데 있어 지역 주민의 참여가 정말 중요하답니다. 이처럼 주민들이 직접 자신의 삶터에서 생긴 문제를 해결하기 위해 참여하는 것을 ==주민 참여==라고 해요.

실제로 주민이 중심이 되어 지역 문제를 해결하는 방법은 다양해요. 지역에 필요한 것을 주민들이 직접 제안하는 주민 제안, 지역의 중요한 일을 주민들의 투표로 결정하는 주민 투표, 주민들의 서명을 받아 의견을 제시하는 서명 운동 등이 있어요.

그리고 지역 문제에 대해 민원을 할 수도 있지요. ==민원==은 국민이 공공 기관에 상담이나 불편한 사항에 대한 처리 등을 요구하는 것을 말해요. 공공 기관에서는 직접 방문하는 것 외에 편지나 전화, 홈페이지, 애플리케이션 등을 통해서도 민원을 받고 있답니다.

그럼 지역 문제를 해결하는 것은 어른들만 할 수 있는 일일까요? 아니에요. 어린이들도 적극적으로 참여할 수 있어요.

그 방법 중 하나가 바로 학교 주변의 '안전 지도 만들기'예요. 안전 지도를 만들기 위해서는 학교 주변을 잘 탐색하며 골목 가로등은 잘 켜지는지, 위험 지역에 시시 티브이(CCTV)는 있는지, 도로에 *과속 방지 턱은 잘 설치되어 있는지 확인해야 해요. 또 학교와 관련이 있는 사람

들을 인터뷰해도 좋지요. 이렇게 조사한 것들을 바탕으로 안전한 곳과 위험한 곳을 표시하여 안전 지도를 만들 수 있어요.

그렇다면 안전 지도에 표시한 위험한 곳들을 안전한 곳으로 바꾸기 위한 방법에는 무엇이 있을까요? 한 가지 방법을 예로 들면, 지역의 일을 맡고 있는 공공 기관에 직접 편지를 보내 민원을 할 수 있어요. 시·군·구청 등에서는 우리들의 편지를 받고, 학교 주변 동네를 찾아 위험 지역을 점검하고, 위험한 곳들을 안전하게 변화시켜 줄 거예요.

지방 자치 단체와 정부에서도 주민 참여에 관심을 기울이면서 주민들의 의견을 실제 정책으로 담아내려고 노력하고 있어요.

주민 참여가 활발해지고 공공 기관들이 지역 주민들의 의견에 귀 기울이면, 살기 좋은 지역이 될 뿐만 아니라 지역을 위해 일하는 공공 기관도 더 잘 일할 수 있게 된답니다. 주민 참여의 중요성은 매우 크지요.

★ **과속 방지 턱** 차량의 달리는 속도를 강제로 낮추기 위해 길바닥에 설치하는 턱을 가리켜요. 대부분 노란색 선 등으로 표시되어 있어요.

물론 주민 참여 과정에서 서로 다른 의견으로 갈등이 생길 수도 있어요. 따라서 대화와 타협을 통해 서로 의견을 잘 모아 나가려는 태도가 꼭 필요해요.

> 📌 **문해력 쏙쏙**

지역 주민의 삶을 불편하게 하거나 주민 간의 갈등을 일으키는 여러 문제를 ㅈ ㅇ ㅁ

ㅈ 라고 한다. 이러한 문제를 주민들이 직접 해결하기 위해 참여하는 것은 ㅈ ㅁ ㅊ

ㅇ 라고 부른다.

　지역의 문제를 해결하기 위해 뜻을 함께하는 사람들이 모여 만든 단체를 시민 단체라고 해요. 시민 단체는 기업처럼 자신의 이익을 위해 만든 것이 아니라 시민들이 스스로 지역과 사회의 발전을 위해 만든 단체예요. 정부와 관계 없이 자발적으로 만든 기구라고 해서 비정부 기구라고 부르기도 하지요. 시민들은 환경, 교육, 안전 등 다양한 *분야의 시민 단체를 만들거나 가입해서 지역의 문제를 해결하기 위해 노력하고 있어요.

　우리 주변에서 활동하는 시민 단체를 몇 곳 소개할게요. 먼저 학교 통학로 주변의 안전을 위해 활동하는 시민

★ **분야** 갈래에 따라 나눈 일을 의미해요.

단체가 있어요. 이 시민 단체는 안전한 통학로를 만들기 위해 노력하고 있답니다. 지역 주민들과 함께 힘을 모아 학교 주변 도로를 안전하게 바꾸는 거예요.

도시 곳곳의 환경을 위해 노력하는 시민 단체도 있어요. 이 시민 단체는 장애인들을 위해 *육교 대신 이용할 수 있는 횡단보도를 설치하자고 요구해요. 그리고 지역 주민들과 함께 공공 기관에 제안해 지역에서 잘 이용하지 않고 버려둔 공간을 작은 공원으로 만드는 활동도 하고요.

★ **육교** 찻길이나 기찻길 위를 가로질러 세운 다리예요. 대부분 계단으로 오르내리게 되어 있어 장애인들이 이용하는 데 불편함이 있어요.

이외에도 어린이들의 안전한 교육 환경을 만들기 위해 활동하는 시민 단체도 있어요. 학생들이 생활하는 학교나 사용하는 물건에 *유해 물질이 없는지 살피고 문제가 있다면 캠페인을 통해 알리는 활동을 하지요.

　그럼 시민 단체의 활동은 지역과 나라 안에서만 이뤄지고 있을까요? 그렇지 않아요. 환경과 *기후 문제를 해결하기 위해 국제적으로 활동하는 단체들도 있어요. 그

★ **유해** 해로운 것 또는 해가 되는 것을 가리켜요.
★ **기후** 일정한 지역에서 여러 해에 걸쳐 나타나는 공기의 온도, 비, 눈, 바람 등의 평균 상태를 말해요.

리고 전쟁 문제도 있지요. 우리가 책을 읽고 있는 이 순간에도 세계 어디선가는 전쟁으로 고통받는 사람들이 있답니다. 그 현장에서 활약하는 시민 단체들도 있어요. 예를 들어 한 의사 단체는 전쟁이 일어난 곳뿐만 아니라 의료 시설이 제대로 갖추어지지 못한 가난한 나라를 찾아다니며 다친 사람을 치료하는 활동을 해요.

최근에는 환경, 교육, 안전에서 반려 동물, 마을까지 다양한 주제의 시민 단체가 만들어지고 있어요. 이렇듯 우리 주변에는 지역 문제와 여러 가지 사회 문제를 해결하기 위해 노력하고 있는 사람들이 많아요. 여러분의 지역에는 어떤 시민 단체가 활동하고 있는지 한번 찾아볼까요?

👉 문해력 쏙쏙

지역과 사회의 문제를 해결하기 위해 뜻을 함께하는 사람들이 모여 만든 단체를 ㅅ ㅁ ㄷ ㅊ 라고 한다.

문해력 튼튼

● 다음 글을 읽고, 질문에 답해 보세요.

국립 중앙 박물관에 도시락 쉼터를 만든 아이들

우리나라의 대표 박물관인 국립 중앙 박물관에는 놀라운 변화가 있었어요. 바로 어린이들 덕분이었지요.

국립 중앙 박물관은 세계적으로도 *손꼽히는 멋진 박물관이에요. 크고 웅장한 규모에 편리한 시설까지 갖춘 곳이지요. 하지만 비가 오는 날이나 *미세 먼지가 심한 날이면 불편한 장면을 볼 수 있었어요. 체험 학습으로 박물관을 찾는 학생들이 비바람이나 미세 먼지를 피해 도시락을 먹을 장소가 없었기 때문이에요. 그래서 날씨가 궂은 날이면 수많은 학생들이 박물관 구석 계단이나 바닥에 앉아 도시락을 먹어야 하는 경우가 많았어요.

어린이들은 이 문제를 해결하기 위해 직접 움직이기 시작했어요. 국립 중앙 박물관장에게 편지도 쓰고 포스터도 그리면서 박물관에 도시락 먹을 장소를 만들어 달라고 요청한 것이에요. 처음에는 국립 중앙 박물관에서 학생들의 이런 요청을 받아들이지 않았어요. 문제 제기를 했던 어린이들은 포기하지 않고 *언론사에 이와 같은 사실을 알리며 국립 중앙 박물관장에게 공개 편지를 썼어요. 어린이들의 노력에 국립 중앙 박물관도 움직이기 시작했어요. 박물관 내에 60석 규모의 도시락 먹을 장소를 마련한 것이에요. 학생들의 요청이 반영되어 나온 결과이지요.

  사실 학생들이 국립 중앙 박물관장에게 편지를 썼을 때는 뭐 그런 일을 다 하느냐고 말하는 사람들도 있었다고 해요. 시도는 좋지만 현실적으로 이뤄질 수 있겠느냐고 걱정하는 사람들도 많았고요. 하지만 어린이들은 자신들뿐만 아니라 박물관을 이용할 수많은 사람들을 위해 꾸준히 활동을 펼쳐갔어요. 그 결과 새로운 변화를 이끌어 냈지요.

  이처럼 불편한 상황을 있는 그대로 받아들이기만 하는 것이 아니라 좋게 바꿔 나가려는 과정에서 새로운 변화를 만들 수 있어요. 무엇보다 이런 변화는 특별하고 훌륭한 사람만이 아니라 평범한 사람 누구든 함께 할 수 있다는 점도 생각해 보면 좋겠어요.

★ **손꼽히다** 열 손가락으로 헤아릴 수 있을 만큼 대단하거나 드물게 여겨진다는 뜻이에요.
★ **미세 먼지** 눈으로 구분하기 어려울 정도로 아주 작은 먼지를 말해요.
★ **언론사** 신문사, 방송사처럼 언론을 다루는 회사를 말해요.

● 국립 중앙 박물관 이용에 불편을 느낀 어린이들은 어떤 방법으로 문제를 해결했는지 적어 보세요.

● 주변에 해결이 필요한 지역 문제는 무엇이 있는지 찾아보고, 어떤 방법으로 해결하면 좋을지 이야기해 보세요.

한눈에 읽는 개념 지도

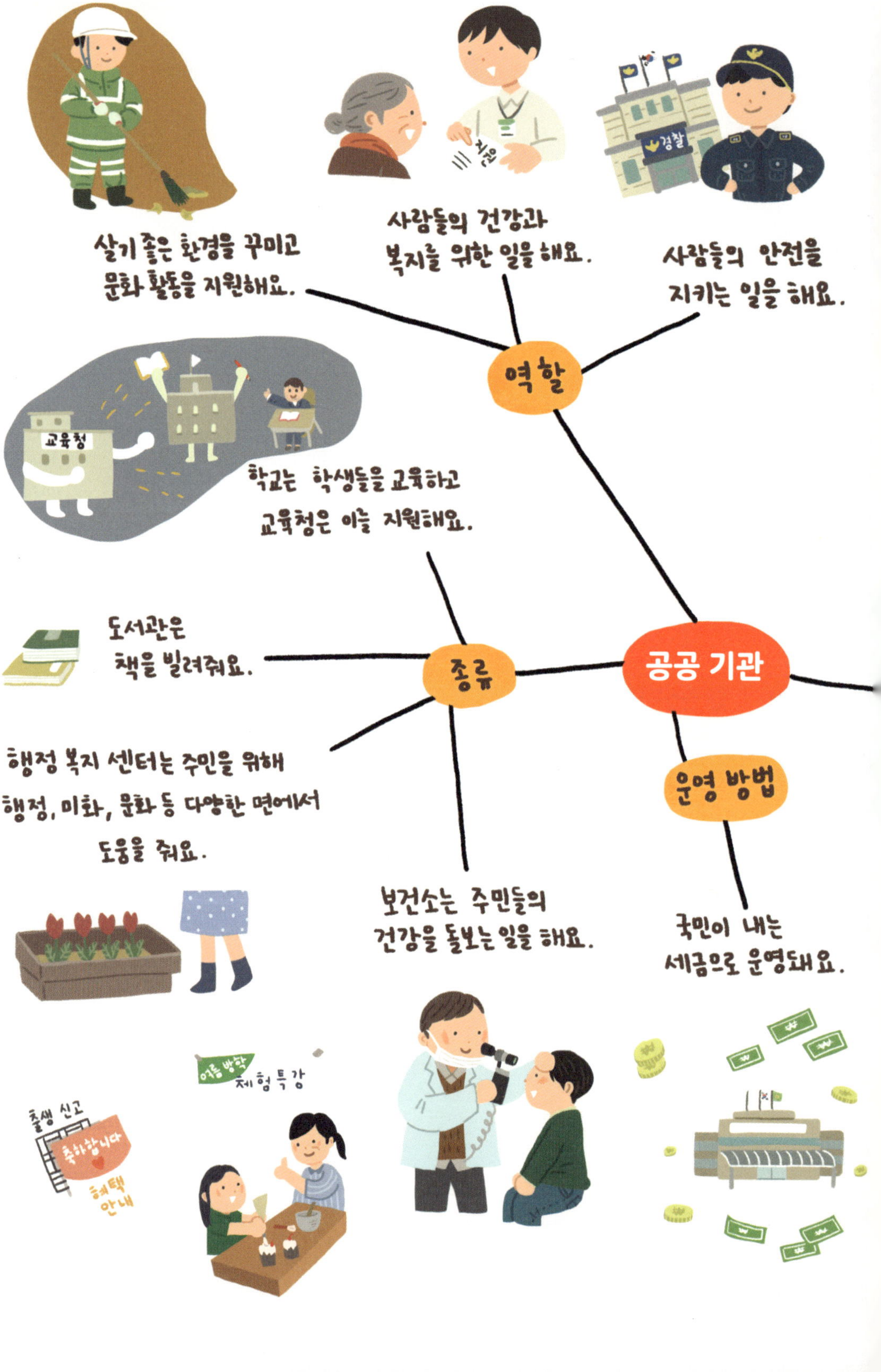

공공 기관
역할
살기 좋은 환경을 꾸미고 문화 활동을 지원해요.
사람들의 건강과 복지를 위한 일을 해요.
사람들의 안전을 지키는 일을 해요.
직원
경찰
종류
학교는 학생들을 교육하고 교육청은 이를 지원해요.
교육청
도서관은 책을 빌려줘요.
행정 복지 센터는 주민을 위해 행정, 미화, 문화 등 다양한 면에서 도움을 줘요.
보건소는 주민들의 건강을 돌보는 일을 해요.
출생 신고
축하합니다
혜택 안내
여름 방학
체험 특강
운영 방법
국민이 내는 세금으로 운영돼요.

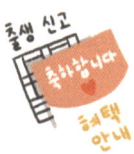

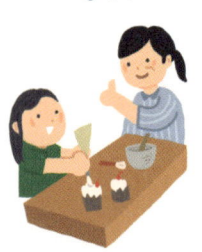

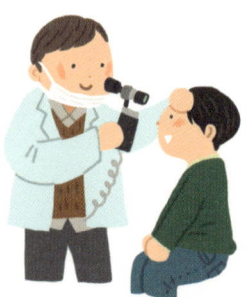

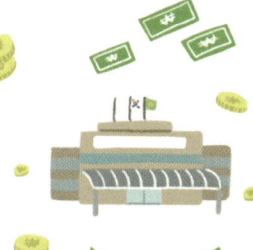

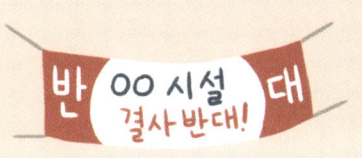

지역 주민의 삶을 불편하게 하거나
주민 간의 갈등을 일으키는 문제를 말해요.

주민 제안,
주민 투표 등의
제도가 있어요.

지역의 공공 기관과 주민 참여

주민 참여

- 지역 문제
- 주민 참여
- 참여 사례

서명 운동을 해요.

민원을 넣어요.

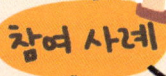

지역의 문제를 해결하려는
사람들이 모여 시민 단체를 만들어요.

국제적으로 활동하는 시민 단체도 있어요.

국제 앰네스티
(AI: Amnesty International)

그린피스
(Green peace)

NGO

세계 자연 기금 (WWF)

👆 문해력 쏙쏙 모아 보기

> 앞에서 읽은 내용을 떠올리며, 빈칸에 들어갈 개념들을 써 보세요. 기억이 잘 나지 않을 때는 옆에 적힌 쪽에서 힌트를 얻을 수 있어요.

- ◯◯◯는 하늘에서 내려다본 땅의 모습을 일정한 형식을 줄여서 나타낸 그림이다. 우리는 ◯◯◯를 보며 다양한 장소들이 어디에 있는지 쉽게 찾을 수 있다. ················ ▶ 17쪽

- 지도에서 방향의 위치를 나타낸 기호를 ◯◯◯라고 한다. 그리고 지역의 모습을 간단한 그림으로 표시한 것을 ◯◯◯라고 하고, 이것들을 정리해 모아 놓은 것을 ◯◯라고 한다. ················ ▶ 22쪽

- 지도에서 실제 거리를 얼마나 줄였는지 그 정도를 표시한 것을 ◯◯◯이라고 한다. 그리고 지도에서는 땅의 높이가 같은 곳을 선으로 연결해 높낮이를 표시하는데, 이 선을 ◯◯◯이라고 한다. ················ ▶ 27쪽

- 지역에서 사람들이 많이 모이는 곳을 ◯◯◯라고 부른다. 이곳의 특징은 ◯◯◯이 편리하다는 것과 우리 삶에 필요한 다양한 ◯◯◯이 모여 있다는 것이다. ················ ▶ 35쪽

- 중심지에는 물건을 만드는 회사나 공장에서 일하는 사람들이 모인 ◯◯의 중심지, 사람들이 필요한 물건을 사려고 모이는 ◯◯의 중심지, 버스 터미널이나 기차역이 있어서 사람들이 다른 곳으로 이동하기 위해 모이는 ◯◯의 중심지 등이 있다. ········· ▶ 40쪽

- 지역의 중심지를 ◯◯할 때에는 먼저 계획을 세우고, 필요한 것을 잘 준비하는 것이 좋다. ◯◯ 후에는 그 결과를 정리해서 ◯◯한다. ················ ▶ 44쪽

- ◯◯◯◯이란 사람들이 남긴 것 중 가치가 높아 오랫동안 보호해야 하는 것들을

132

통틀어 이르는 말이다. 그중 형태가 있는 것은 ◯◯◯◯◯◯, 형태가 없어 어딘가에 담아 놓거나 만질 수 없는 것은 ◯◯◯◯◯◯라고 부른다. ▶ 58쪽

● 우리 지역의 문화유산을 ◯◯하는 방법 중에는 전문가를 직접 만나 대화를 통해 정보를 모으는 ◯◯◯과 우리 지역의 문화유산을 직접 찾아가 보는 ◯◯가 있다. ▶ 62쪽

● 문화유산을 답사할 때는 ◯◯◯◯◯을 잘 지켜야 한다. 그리고 문화유산을 관람하는 방법을 미리 익히고, 관람 시 어떤 재료와 장식을 사용했고, 어떤 시대에 만들어진 것인지 ◯◯◯을 읽어 보는 것도 도움이 된다. ▶ 65쪽

● ◯◯◯◯◯◯◯는 사람들에게 문화유산에 대한 이야기를 들려주는 일을 한다. ◯◯◯◯◯는 문화유산을 많은 사람에게 알리는 것은 물론, 문화유산 주변을 청소하고 관리하는 등 문화유산을 보호하는 역할을 한다. ▶ 69쪽

● 우리 지역의 역사적 인물을 조사하기 위해서는 ◯◯◯, ◯◯◯을 이용하거나 인물과 관련된 장소를 ◯◯할 수 있다. 이때 ◯◯◯을 활용하면 조사해야 할 내용이 잘 정리될 뿐만 아니라 더 알아봐야 할 새로운 것은 무엇인지도 한눈에 파악할 수 있다. ▶ 77쪽

● 훈민정음을 창제한 ◯◯◯◯◯은 서울을, 도산 서원에서 많은 제자를 배출한 ◯◯◯은 경상도를, 화성을 설계하고 거중기를 발명한 ◯◯◯은 경기도를, 청해진을 설치하고 해적을 소탕한 ◯◯◯는 전라도를, 전 재산으로 굶주린 사람들을 구한 ◯◯◯은 제주도를 대표하는 역사적 인물이다. ▶ 82쪽

● ◯◯◯◯은 여러 사람들의 문제를 해결해 주거나 사회를 위해 필요한 일을 하는 곳이다. ▶ 96쪽

133

- ◯◯◯는 학생들을 교육하는 일을 하고, ◯◯◯은 학교 교육을 비롯해 다양한 교육 활동을 지원하는 일을 하는 공공 기관이다. ◯◯◯◯◯는 지역 주민들이 더 나은 삶을 누릴 수 있도록 행정 지원, 환경 보전, 문화 행사 등을, ◯◯◯는 지역 주민들의 건강을 돌보는 일을 한다. ▶ 102쪽

- 국민을 위해 나라와 지역 살림을 꾸려 나가기 위해서는 ◯◯이 필요하다. 이에 나라는 국민들에게 ◯◯을 걷어 필요한 비용을 마련한다. ▶ 106쪽

- 공공 기관을 ◯◯ 할 때에는 가고 싶은 공공 기관을 먼저 선택하고, 미리 ◯◯◯을 잡는다. 다녀온 후에는 ◯◯◯를 작성하면 견학한 내용을 잘 기억할 수 있고, 여러 사람과 함께 나눌 수도 있다. ▶ 110쪽

- 지역 주민의 삶을 불편하게 하거나 주민 간의 갈등을 일으키는 여러 문제를 ◯◯◯라고 한다. 이러한 문제를 주민들이 직접 해결하기 위해 참여하는 것은 ◯◯◯라고 부른다. ▶ 122쪽

- 지역과 사회의 문제를 해결하기 위해 뜻을 함께하는 사람들이 모여 만든 단체를 ◯◯◯라고 한다. ▶ 126쪽

찾아보기

ㄱ

견학 ··· 107
경찰서 ································ 37, 104
공공 기관 ············· 92, 97, 107, 119
관광의 중심지 ·························· 37
관람 규칙 ·································· 63
교육의 중심지 ·························· 39
교육청 ································ 37, 97
교통의 중심지 ·························· 37
기호 ···································· 17, 19
김만덕 ······································ 81

ㄷ

답사 ···························· 41, 55, 60, 63
대축척 지도 ······························ 46
도서관 ······················ 39, 61, 77, 98
등고선 ······································ 24

ㅁ

면담 ·· 60
무형 문화재 ······························ 56
문화 관광 해설사 ················ 65, 67
문화유산 ················ 55, 60, 63, 66, 70
문화의 중심지 ·························· 39

ㅂ

문화재 지킴이 ·························· 67
문화재청 ·································· 60
민원 ·· 119

방역 ·· 111
방위 ·· 17
방위표 ······································ 17
범례 ·· 19
병원 ·· 99
보건소 ······································ 99
보고서 ···································· 110
보존 과학 ·································· 70

ㅅ

산업의 중심지 ·························· 36
상업의 중심지 ·························· 37
세금 ································ 101, 103
세종 대왕 ·································· 78
소방서 ································ 37, 104
소축척 지도 ······························ 46
시민 단체 ································ 123
신사임당 ·································· 75
실측도 ······································ 45

135

ㅇ

안내도	16
안전 덮개	117
안전 지도	119
옐로 카펫	117
유물	54
유적	54
유형 문화재	55
이순신	74
이이	75
이황	79
인터넷	42, 76
일반도	45

ㅈ

장보고	81
정부	37, 92
정약용	79
조사	41, 59, 75
주민 참여	119
주제도	45
주제망	76
중심지	31, 33, 41, 101

지

지도	15, 45
지도 기호	18
지방 자치 단체	92, 121
지역 문제	116, 119
지형도	45

ㅊ-ㅍ

체험 학습	14, 41, 55, 124
축척	20, 42
캠페인	68, 125
코로나19	99, 111
편찬도	46

ㅎ

학교	97, 119
학예사	111
해발 고도	27
행정 복지 센터	99
행정의 중심지	37, 102

출처 및 참고 자료

자료 출처

- 111~113쪽 배성호 글·김규정 그림,《선생님, 코로나19가 뭐예요?》, 철수와영희, 2020.
- 127~128쪽 배성호 글·김규정 그림,《선생님, 평화가 뭐예요?》, 철수와영희, 2019.

참고 자료

- 서찬석 글·최희옥 그림,《보존 과학의 비밀》, 예림당, 2018.

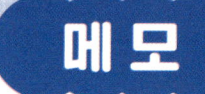

초등 사회 진짜 문해력 4-1

초판 1쇄 발행 2023년 2월 10일
초판 3쇄 발행 2025년 4월 3일

지은이 • 배성호 곽혜송 김재윤 신봉석 이우철
그린이 • 신이랑 이새로미 이한아
펴낸이 • 황혜숙
편집 • 김은주 한아름
조판 • 이츠북스
펴낸곳 • (주)창비교육 | 등록 • 2014년 6월 20일 제2014-000183호 | 제조국 • 대한민국
주소 • 04004 서울특별시 마포구 월드컵로12길 7
전화 • 1833-7247 | 팩스 • 영업 070-4838-4938 편집 02-6949-0953
홈페이지 • www.changbiedu.com | 전자우편 • textbook@changbi.com

ⓒ 배성호 곽혜송 김재윤 신봉석 이우철 2023
ISBN • 979-11-6570-186-4 73300

* 이 책 내용의 전부 또는 일부를 재사용하려면 반드시 저작권자와 (주)창비교육 양측의 동의를 받아야 합니다.
* 책값은 뒤표지에 표시되어 있습니다. * KC마크는 이 제품이 공통안전기준에 적합하였음을 의미합니다.